青春文庫

お客に言えない！
モノの原価㊙事典

㊙情報取材班［編］

JN252003

青春出版社

はじめに　「知っている」人だけが得をする

すべての商品には「原価」があるが、それは基本的に「秘密」だ。

実は、原価を知られたら、販売する側にとって、いろいろと差し障りが発生する。なぜなら、原価があまりにも「安い」と、消費者が商品を買ってくれなくなるかもしれないし、逆に、あまりにも「お得」だとわかると、予定以上に売れてしまって困るのだ。

だいたい、「モノの原価」は、聞いて驚くほどのもの。店やメーカー側が、血のにじむようなコストカットをして実現できていることにも驚かされるし、意外や意外、消費者にとって、買えばずいぶんと「お得」な商品も多い。

そう、「原価の秘密」の裏話は、消費者が「知って得をする」情報のかたまりだといえる。

一例を挙げよう。

コンビニのコーヒーと喫茶店のコーヒー、そして、流行《はや》りの「カフェ」のコーヒー。いったいどれが、一番お得か。もちろん、好みもあるので一概にはいえないが、真相はこうだ。

コンビニのコーヒーは、意外にも高い原価率で作られている。ただ、お客さんがセルフで淹《い》れるので、人件費などコストがカットされ、あのクオリティを保ちながら低価格で提供されているのだ。

世の中の業界には、すべて「原価」と「コスト」のカラクリがある。その情報を知っているだけで、消費者としてはずいぶんとメリットがあるだろう。

家電量販店のポイント制度にも、消費者が受けるメリットとデメリットがある。家電が安く買えて、ポイントがつくが、そのポイントをどう使うか。そこが分かれ道なのだ。

賢い消費者になるために、「原価の秘密」は知っていて「損」はない。

２０１６年６月

㊙情報取材班

『お客に言えない！　モノの原価㊙事典』

目次

はじめに　「知っている」人だけが得をする　3

■1章　いま話題のあの商品の原価
そんなカラクリがあったとは！

コンビニの100円コーヒー　原価率は意外と高いのになぜやれる？　16
LCC　「東京－香港」が「東京－大阪」間の新幹線より安いカラクリ　18
新電力　電力自由化。「こんな人」は乗り換えで得をする　20
ノンアルビール　酒税ゼロなのに〝ビール〟より高いお家事情　23
LINE　広告ゼロ……なのに、無料で提供しても元が取れる儲けのウラ側　26
立ち食いフレンチ　原価率90％！　でも経営が成り立つ「ある効果」　28
オリンピック　税金の使いみち、赤字になるかどうかはココで決まる　30
ジェネリック家電　「同性能なのに低価格」を実現できる2つのポイント　32
マイナス金利　庶民にとって損か得かの分岐点　34
ランチパスポート　1500円を500円にしても平気な「コストカット」の妙　36
格安スマホ　見た目は同じ……なのに格安にできるこれだけの仕掛け　38
くまモン　その稼ぎ2年で1244億円！　他のゆるキャラと何が違った？　40
場所取り代行　花火大会、花見、祭り……そのびっくり相場　42

学校給食　今の子どもたちは〝お父さんのランチ〟より良いものを食べている？　44
コラム　値引きのトリック　ブランド店は「●％オフ」としても「×割引」とはしないワケ　47
城　再建費用、想像以上にびっくり価格なその内訳　48
自費出版　好きなことを書いて儲けを出すには、このコストに注目　50
選挙　「マスコミは選挙のたびに収益が上がる」その意外な仕組み　52

■2章　知らなきゃ損するところだった！　一見お得なサービスの原価

プライベート・ブランド　コストカットは〝こんな部分〟で行われる　56
激安回転寿司のマグロ　高価なマグロを安価で食べても結局得しない客の共通点　58
ランチメニュー　なぜ、高コスパのランチには「煮込み料理」が欠かせないのか　60
裏通りの名店　味の良い店ほど、表通りからは遠ざかる理由　62
スマホアプリ　便利・面白そうなアプリに仕掛けられている「無料の罠」　64
ホテルのバイキング　元が取れる「食べ方」、かえって損する「食べ方」　66
住宅リノベーション　価格を抑える「2通りのビジネスモデル」のウラ側　68
激安弁当　低価格を実現するために、「あるおかず」の原産が変わった　70
コラム　数字のトリック　値段を高く感じさせる数字、安く感じさせる数字　73

コンビニ　近所の便利なあの店……潰さないためにはこれだけの売り上げが必要　74
希少ペット　ハリネズミから高級熱帯魚。原価率的にお得なのはどの動物？　76
居酒屋のランチ　夜よりも昼のほうがコスパがいいワケ　78
豪華列車　かつてない高級路線！ 果たして100万円は妥当か否か　80
無洗米　手間を省くだけじゃない、コスト面での意外なメリット　82
食べ放題　お店の利益に貢献するお客、きっちり元を取るお客の違い　84
「0円」ビジネス　「0円」だからこそ儲かるのは、なぜか？　86
鶏肉、豚肉、牛肉　それぞれの肉を育てるために消費される莫大な穀物の量　88
ブランド米　「魚沼産」なのに「100％」魚沼の米ではない？　90
ツアーバス　この値段を下回っていたら乗ってはいけない　92
コラム　ポイントと現金割引　「20％ポイント還元」と「2割引」、どっちがお得？　95
付録つき女性雑誌　「ブランド品」と「ブランドマークがついた品」は別物!?　96
きき酒居酒屋　高価な日本酒を「原価」で出しても儲かるポイント　98
和牛　「松阪牛」がスーパーの牛肉の「数十倍」もの値になるワケ　100
タオル　激安輸入ものに負けない！ 日本製の品質以外の魅力とは？　102
墓地　定番の墓から屋内、樹木葬まで……いまどきの相場　104
同人誌　あるジャンルだけは、個人の趣味が「儲けの宝庫」に変わる　106
価格比較サイト　極めて便利！ のウラ側にある「落とし穴」　108

■3章 定番商品&サービスの意外な原価
ホントはいくらの価値がある?

イタリアン・レストラン 普通の飲食店よりも儲けが出にくいウラ事情 112
激安ラーメン とってもお得なメニューと、実はそうでもないメニュー 114
そば・うどん 「そば」と名乗っているだけの商品にご用心 116
旅館の料理 「豪華夕食」をギリギリで演出する仕入れの工夫 118
寿司屋の値段 「本日のおすすめ」。お得なのはお客、それとも大将? 120
花屋 すぐダメになる商品の「ロス率」をカバーするためのアイデア 122
スーパーの駐車場 駐車台数の法則で「年間売り上げ」が導き出せる 124
商店街の福引き 「ハワイ旅行」。ペアはあっても家族全員は許されないワケ 126
納豆 「3個パック100円」。値段は同じでも実は変わったある部分 128
地鶏 こんな鶏まで、「地鶏」と名乗ることが許される 130
靴下 価格を抑え、安定した売り上げを確保できる秘密 132
照明器具 白熱灯、蛍光灯をLEDに換えると、結局どのくらいお得なのか 134
学生服 値段はお父さんのスーツの2倍以上! その最大の原因は? 136
ガソリンスタンド 原油価格が下がってもGSの利幅が増えない悲しい事情 138
マンション売却 「求む! チラシ」のマンション価格は「おとり」が8割? 140

スーパーの特売　不規則な特売日。実は隠れた「法則」があった　142
安売りメガネ　ある時から、急に激安商品が流通しだしたウラ側　144
激安ジーンズ　安さの秘密は、意外な「販売方法」にあった　146
焼き鳥店　「5本盛り合わせ」にカワとハツが欠かせない店側の事情　148
分譲住宅　不況の時期こそ、マンションが乱立する〝二重〟のカラクリ　150
セット寿司　一緒に頼むと結局得しない「あるメニュー」　152
日替わりメニュー　「看板メニュー」として店が推す商品には共通点があった!?　154
後発のラーメン店　〝定番の店〟の牙城を崩すために行う「ウラ努力」とは　156
ドリンクバー　結局、何を何杯飲めば元が取れるのか　158
バナナ　フィリピン産バナナの買い付け価格はなんと……!?　160
シシャモ　居酒屋の「シシャモ」は、ほとんどがシシャモじゃない!?　162
キャビア　本物と模造品。驚くべき原価の差とその見分け方　164
コラム　価格帯のトリック　これを入れるだけで「客単価」がアップするメニューの秘密　166

■4章　やっぱりウラがあったのか!　世の中まるごと驚きの原価

喫茶店のおしぼり　コーヒー代に含まれるその原価はなんと……　170

画家の絵画　ネームバリューより値段を大きく左右する要素とは　172
オーケストラ　弾きっぱなしのヴァイオリンと、シンバルの給料格差は？　174
著作権料　本を出版して「夢の印税生活」の現実　176
二宮金次郎像　なぜいままた見直され始めたのか　178
運転免許　取得に日本「30万円」、アメリカ「3600円」。その差はどこから？　180
小松菜　農家にとって「月給」のように安定収入になるワケ　182
古紙リサイクル　世界経済の今は、古紙の「価格相場」に表れる？　184
自販機　1缶50円以下の仕入れ価格が3倍近く跳ね上がる仕組み　186
タマゴ　50年以上も「物価の優等生」でいられるワケ　188
カーテン　同じ生地でも「ひだ」の加工一つで20％の価格差がつく　190
自転車店　新車販売では薄利。利益率が一番高いのは？　192
町の文房具店と洋服店　2つの店に共通の「繁盛のカラクリ」　194
合いカギ　合いカギ店にのし掛かる、知られざる「コスト」とは　196
スーツ　スーツ専門店とデパート……「システム」の差が価格に　198
中古ブランド時計　憧れのブランド時計「ロレックス」ならハウマッチ？　200
ワイシャツ　安くても品質の良いものが増えてきた流通の秘密　202
ミネラルウォーター　単なる水が、なぜ限りある資源・ガソリンよりも高い？　204
Tシャツ　激安Tシャツは「こんな場所」で作られている　206

化粧品　価格を跳ね上がらせる2つの大きなコスト　208
ビンテージ・ウェア　買い付けは「コンテナ1基」単位のギャンブル商売？　210
マンション　マンションの価格は「土地」とコレで決まる　212
薬　「ジェネリック医薬品」。低価格なのに、本当に中身は同じなの？　214
タバコの原価　タバコ1本ごとに払うこれだけの税金　216
打ち上げ花火　夏の一夜を彩る「ド〜ン！」一発の原価　218
宝石・金発掘　宝石や金を掘り当てるコストは、意外とお手頃？　220
ノーベル賞の賞金　ある賞だけ税金が取られるって知ってた？　222
国会議員秘書　「秘書」という名は同じでも、ピンからキリの給料事情　224

5章　賢いお客は知っている！　学校じゃ教えてくれない本当の原価

100円ショップ　原価割れのお買い得品、二束三文の落とし穴商品　228
カレンダー　事情通だけが知っている賢い買い方　230
居酒屋　生き残りをかけたコストダウンは、「このお酒」で　232
スーパー「底値」　「本日限り、激安！」は本当にお買い得か　234
カクテル1ショット　原価80円のジントニックが1000円に化けるワケ　236

カレーショップ　なぜ、カウンター席の椅子を高くしているのか　238
水回りの修理　自分で修理すれば「数百円」のコストなのに……　240
ダイヤモンド　「カラット」だけでは決まらない相場の秘密　242
マンガ喫茶　読み放題、飲み放題。では、どこで儲ける？　244
家電量販店　激安価格を生み出しているさまざまな仕掛け　246
1000円理髪店　「トイレの近く」に出店すると儲かる理由　248
動物病院　統一されていない治療費。安くて良い病院を見つけるには？　250
ライブハウス　アマチュアバンド。売り捌くチケットのノルマはこう決まる　252
自主制作CD　「プレス」か「コピー」か。目に見えないコストの中身　254
ブランドキーホルダー　ブランドへの憧れが生んだ「ドル箱」の原価　256
競走馬　必ずしも1着にならなくても競走馬は元が取れる？　258
ホテル料金　シティホテル、実は3割引でも十分に儲かる仕組み　260
貸衣装&写真　お得に利用するなら、この時期に頼もう　262
東京ドーム使用料　たったこの値段であなたも夢のプロ野球選手気分　264
格安海外パックツアー　現地の「ホテル代ゼロ」でも利益が上がる仕掛け　266
リサイクルショップ　幾らで買い取り、何割の利益を乗せて売っているか　268
新聞勧誘のサービス　なぜ、購読するともらえるものは「洗剤」なのか　270
コンサートのチケット代　売れない場合のリスクヘッジのカラクリ　272

落語家　二ツ目と真打だと、出演料にこんなに差がある　274
マジシャン　華々しい舞台のウラでこっそり支払っているアイデア料　276
探偵　急増する浮気調査、盗聴調査にかかる費用は？　278
ペットの葬儀　人間だと120万円が相場。ペットなら？　280
値上げのテクニック　いったんお得感を与え、いつの間にか……がコツ　282
コラム　抽選器　お客さんを引き寄せる音響の仕掛けとそのお値段　284

1章

いま話題のあの商品の原価

そんなカラクリがあったとは！

コンビニの100円コーヒー

原価率は意外と高いのになぜやれる?

飲食店のコストには、食材の費用の他に、人件費、水道光熱費、店の家賃などがある。その中で売り上げに対する食材費の比率を原価率という。一般の喫茶店のコーヒーの場合、原価率は10%くらいに設定されている。

ブレンドコーヒー1杯の原価はコーヒー豆が20円、砂糖、ミルクなどを合計して1杯40円前後だ。支店を多く抱えるチェーン店では、豆を安く仕入れて1杯200円以下で売ることも可能だ。また、マシンを使うとドリップ式より豆の量が少なくてすむので、原価率を下げることができる。つまり、逆にいえばドリップ式で淹れている店のほうがコストも手間もかけているということになる。

喫茶店の経営で問題になるのは、お客さんの回転率だ。昔ながらの喫茶店だと、落ち着いた雰囲気で本でも読んでいれば、2、3時間くらいコーヒー1杯で長居するお客さんも珍しくない。商談や打ち合わせで数時間というお客さんもいるだろう。

回転率を上げるためには、店内のＢＧＭをそこそこ大きなボリュームにして、会話が聞こえにくくするという方法がある。そして、椅子はあまりクッションがいいとくつろいでしまうので、堅めの座面にすることで長居を防ぐ。

回転率の点で注目されるのが、コンビニの「セルフ式コーヒー」だ。１００円というお手頃価格で人気を保っている。しかも、コーヒー豆も「ハイグレード」なものを使っているという。

このコンビニ・コーヒーの原価率が非常に高いというのだ。一説では１００円のレギュラーサイズが、カップ込みの原価は約47円～50円台だという。原価率50％前後というのは、一般の喫茶店では考えられない。

この秘密は、なにしろセルフ式だから、まず、店員の手間がかからないこと。それに、店内のイートイン・コーナーで飲んでもらっても、そうそう長居をする人はいないので、回転率は非常にいい。持ち帰りなら、なおさらいいわけだ。

もう一つは、「集客力」だろう。コーヒーだけですませるお客さんより、ついでにサンドイッチやパン、または、弁当類を買って帰るお客さんのほうが多い。フィルターやマシンのメンテナンスを考慮しても十分に収益につながるのだ。

LCC

「東京－香港」が「東京－大阪」間の新幹線より安いカラクリ

海外旅行でも国内旅行でも、格安航空会社（ＬＣＣ）の利用は、もう当たり前になっている。なにしろ、東海道新幹線で東京から新大阪まで「のぞみ」の指定席で行くと通常の運賃と特急料金の場合、片道１万４４５０円、そのうち乗車券だけでも８７５０円かかるが、東京（成田）から香港までの航空券は、ＬＣＣなら片道９０００円前後からあるのだ。中国の上海を本拠地とする春秋航空は、成田－上海８０００円から、佐賀－上海は３８００円からという破格の値段だ。

ＬＣＣがここまで低価格を実現できるのにはいろいろと秘密がある。コストカットが生命線であることは間違いないが、あまりにもコストを切って、パイロットや整備費用などをカットするわけにはいかない。安全性が第一だ。

機内のドリンク、軽食、新聞、毛布などが有料だということはよく知られている。お客さん全員に食事を出さなくていいので客室乗務員の数も抑えられる。

それ以前に、機体に秘密がある。まず、座席の間隔が「狭い」。つまりより多くのお客さんが搭乗できるようになっているわけだ。シートの品質もグッと落とされている。ただ、長時間のフライトでなければ、さほど気にならない。座席の液晶モニターなどの設備は簡素化する。

そして、保有するジェット機の機種を1種類に統一していることが多い。これによってパイロットの教育費や整備士の費用が節約できる。さらに、フライト先での駐機時間を短縮し、1機の機体の運用効率を上げる。場合によっては、到着後、数十分で清掃、整備を終えて復路に旅立つ。

もう一つはネット予約だ。チケット販売をネットで行うことで、支店や窓口を減らすことができる。旅行代理店を通さずに販売することで、手数料をカットできる。

さらに、地方空港を活用する。大都会の空港は着陸料が高いので地方空港に行くのだ。茨城空港は、成田空港より着陸料が3割安いという。そして、採算が合う「人気路線」にフライトを集中する。

こうした努力の積み重ねで低価格を実現したLCCは、「新たな旅行者」を生み出しているようで、既存の航空会社とは住み分けができているのだ。

新電力

電力自由化。「こんな人」は乗り換えで得をする

電力が自由化されて、各社の間に競争が起こるので料金が安くなる、というが、なぜ安くなるのか、その仕組みがわかりにくいのではないだろうか。

とにかく安ければ、そのほうがいいが、もしかしたら、そこになにかカラクリが隠されているかもしれない、という一抹の不安がある。新しい電力会社に乗り換えて、もし、電気料金が安くなっても、ある日、突然停電したりしないのか、という心配もあるだろう。

だが、まず停電の心配はないといっていいだろう。送られてくる電気は、これまでと同じ電気で、それを仲介する業者が変わるだけなのだ。

それなのになぜ安くなるのか。それは、新電力の業者が、従来の会社より少ない人数で運営されているところに最大の違いがある。従来の電力会社と違って、社員数50名とか60名で成り立っているので、コストが断然低いのだ。

電力自由化で得する人、損する人

電気料金は2段構造

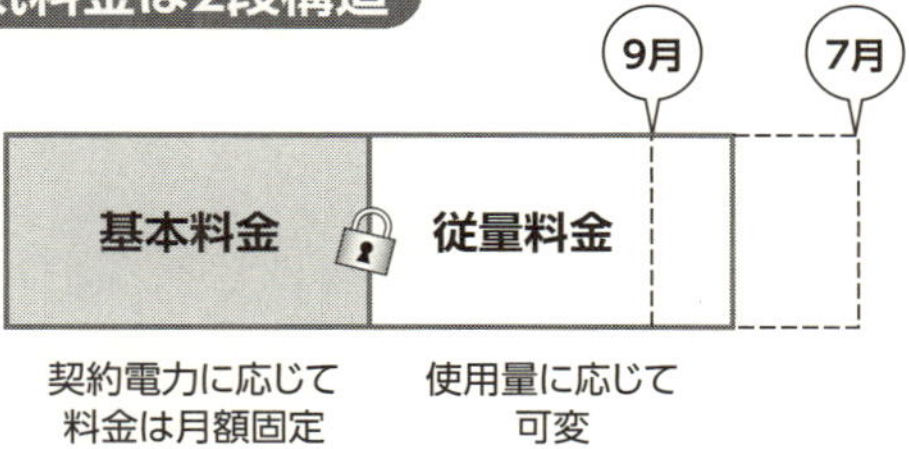

電気をあまり使わない人ほど
相対的に「割高」になっている!

例えば電気をあまり使わない人は…

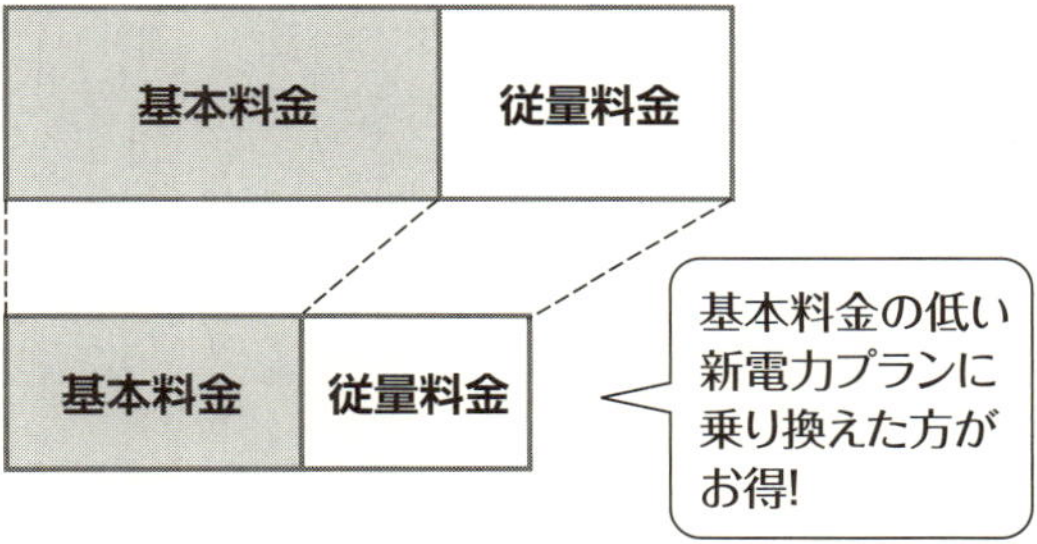

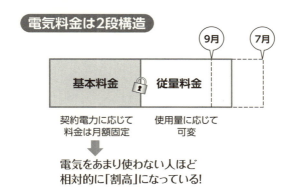

もう一つは電気料金の契約内容によって、新電力に切り替えると大きく得をする顧客がいることだ。

電気料金は、契約電力によって課金される「基本料金」と電気の使用量によって増える「従量料金」の2段構えになっている。使用量が1日を通じて多い顧客は「負荷率」が大きい、という。

負荷率が小さい顧客は、実は電気料金が割高になっている。例えば、昼間は家にだれもいない家庭は、夜しか電気を使っていないのに、契約料金は一定額を支払わなければならないのでトータルすると割高になりがちだ。そういう家庭は、新電力に切り替えることで割安になりやすい。

また、例えば、オフィスビルや学校などは、夜はだれもいないので、やはり負荷率が小さい。プロ野球の球場などは早々に新電力を導入しているところがある。夜しか電気を使わないので、負荷率が小さいのだ。

新電力会社にとっても、夜だけ、または昼だけ電気を使う顧客は電力供給量が計算しやすいので安定供給できてメリットがある。新電力会社各社のメリットを比較するサイトがあるので、そこで検討して、より安い電気に乗り換えるのが賢明だ。

ノンアルビール

酒税ゼロなのに〝ビール〟より高いお家事情

アルコール「0％」のビールが受けている。仕事中にランチで飲んでもいいし、アルコールは不得意という人、後で運転をするという人には必需品だ。

不思議なのは、酒税がかからない分、値段が安くなるはずのノンアルコール・ビールのほうが、ビール（系飲料）より店頭販売価格が高い傾向があること。

酒税は、アルコールを1％以上含むものにかかる間接税で、350ミリリットル缶でビールが約77円、発泡酒は麦芽比率などによって同じく350ミリリットル缶で約47円、いわゆる「第3のビール」が約28円となっている。酒税は、蔵出し課税なので飲料メーカーが直接納税する。つまり、スーパーや量販店の割引率などに酒税率はいっさい影響しないはずなのだ。

販売価格は、アルコール入りのビール系飲料が350ミリリットル缶で120円前後なのに対して、ノンアルコール・ビールは130円前後。酒税がかかっていないのになぜ高くなるのだろうと思う。

飲料メーカーとしては、ビールではないのに「ビールテイスト」の味わいの飲料に仕上げるのに苦労し、研究開発費用も人件費も手間もかかったから回収させてほしい、という気持ちだろう。

もう一つは、アルコール入りの発泡酒や「第3のビール」をどんどん開発してきたのに、国税庁の方針で増税された分を取り返したい、という願望もあると思われる。販売時に、「酒税」の部分にさらに消費税がかかることにも反発がある。

そもそも、日本のビール業界にいわせると、日本のビールや発泡酒の酒税は高すぎるということも問題とされているらしい。確かに、外国で缶ビールを買うと、「安いな」と感じることがある。

日本のビールの酒税は、ドイツと比べるとなんと20倍だそうだ。フランスと比較してみても14倍、アメリカの12倍だというから、確かに高い。３５０ミリリットル缶のビールや発泡酒を１５０円で買うと、ビールは中身の半分近く、発泡酒は３分の１が税金でできているようなものだ。

いつも飲んでいる「ビール」、本当はおいくら?

種類別の税率

※350ミリリットル缶の場合

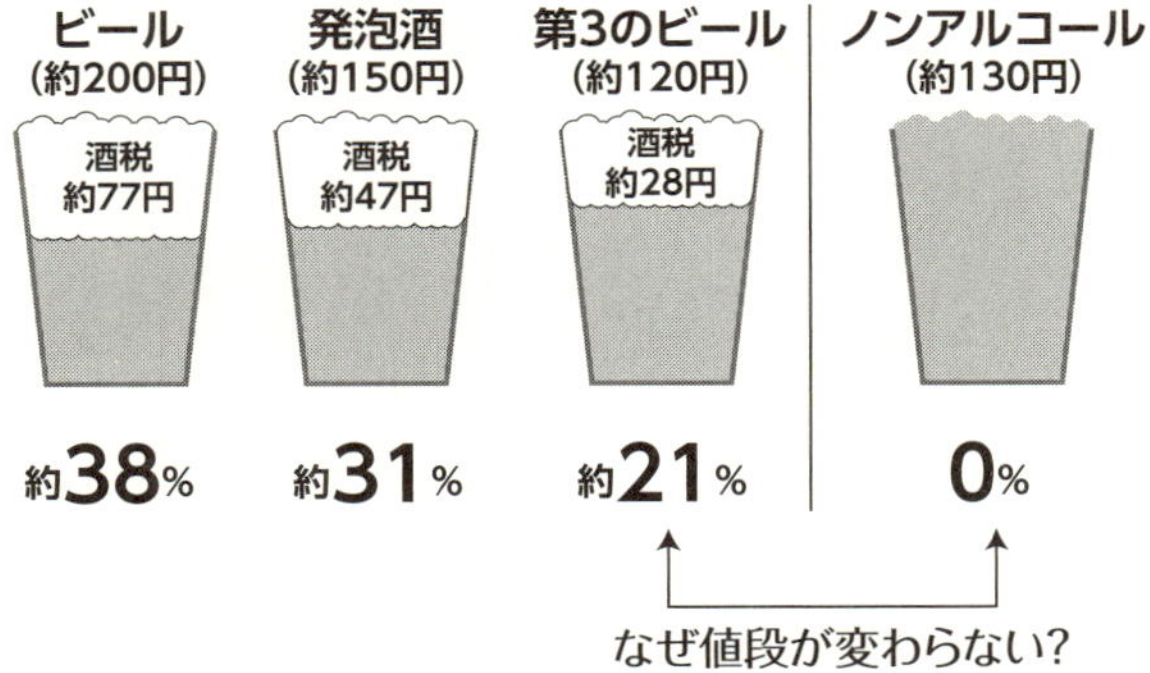

酒税がかかってないのに、なぜ同じくらいなのか

1. 「ビールテイスト」にするための
研究開発費、人件費の手間賃を回収したい
2. ビール以外まで酒税を増税された分の回収

➡ ノンアルコール・ビールは研究開発費、
高い酒税ぶんを取り返す願望も!?

LINE

広告ゼロ……なのに、無料で提供しても元が取れる儲けのウラ側

ＳＮＳ（ソーシャル・ネットワーキング・サービス）がいろいろな場面で活躍している。友人同士のプライベートなメッセージを送受信したりするところから、政治活動で人々に呼び掛けて何万人もデモや集会に集めるところまで、今やコミュニケーションの手段として欠かせない。

日常的に使っている人も時折感じるのが、「ＳＮＳって、どうして無料で使えるのだろう」ということ。例えば、ＳＮＳの画面に広告が掲載されていたりするのであれば、その収益で利益を確保しているのだな、とわかるが、「ＬＩＮＥ」などは、無料でコミュニケーションができて、広告が飛び込んでくることもない。無料でダウンロードできて、通信料も、スマホがネットを一定料金で使える環境であれば無料。どうやって収益を確保しているのか不思議だ。

こうした無料のアプリは、利用する人の個人情報を把握することで、収益につな

げている。電話番号をはじめ、メールアドレス（登録しないことも可能なものもある）などの個人情報だ。アプリの「利用規約」をよく見ると、個人情報を法律に従った範囲内で利用する、と書かれている。

アプリをダウンロードする時に、ユーザーはこの条件に「同意します」のボタンを押している。もちろん、「利用規約」のそんな細かいところまでしっかり読む人はまずいないだろう。1人が登録すると、「友だち」が芋づる式に登録することになる。「友だち」が登録して利用しないと、コミュニケーションができないからだ。

もう一つは、無料のコミュニケーション・サービスを提供することで、さまざまな有料サービスの入り口となることだ。例えば、「LINE」では、「スタンプ」という、イラストなどをメールに貼り付けるサービスが好評だ。メールに文字を書かなくても、メッセージを伝えられるスタンプもある。人気のキャラクター、アニメ、マンガの主人公、ゆるキャラ、その他、キャラクター・スタンプを相手に送ることができる。無料のものもあるが、人気のキャラクターは、「1セット、40種類」くらいの絵が1パックになっていて、100円～200円前後で販売されている。こうした派生商品と情報収集で、SNSは収益につなげている。

立ち食いフレンチ

原価率90％！　でも経営が成り立つ「ある効果」

外食レストランの食材費対売り上げの割合＝原価率は30％が一般的な目安とされる。その他に、人件費、水道光熱費、家賃などがかかるので、原価率をその程度に抑えないと赤字になってしまう、という線だ。

しかし、他店との競争の中、原価を抑えるだけではお客さんが来てくれなくなるということも現実としてある。例えば、「立ち食いフレンチ」で好評を得ている店では、「牛フィレとフォアグラ」のメニューを約1600円で提供している。これは、原価率が90％に達するというから、かなりの出血大サービスメニューだ。普通のレストランなら5000円くらいの価格だ。

「立ち食いフレンチ」がこれほど原価率が高くても経営が成り立つのは、なんといっても「立ち食い」だからだ。立って食べると「長居」するのはちょっと無理。お客さんの回転率をよくすることで、収益が確保される。

ディナータイムで、「3回」から「3・5回」くらいのお客さんの回転率を目指しているという。さらには、人件費、家賃でも経費を節減し、メニューの価格設定に工夫を凝らして、全体として利益が出るようにする。

フレンチの立ち食いが登場したときには、少し意外な感じもしたが、スペインの「バル」や英国の「パブ」なども立ち食い、立ち飲みだ。意外に洋食の場合は違和感が少ないのかもしれない。

最近は、「焼き肉店」で立ち食いの激安店も登場している。「焼き肉・1切れ30円から」という価格設定で、A4ランクという高いランクの肉を提供できている。

「立ち食い」という方式は、歴史的にいえば、江戸の寿司や天ぷらの屋台がそうだった。寿司屋の原点は、街角の屋台で板前が台の上に正座して寿司を握り、お客さんは、屋台の周りで立ち食いをするというのが基本だった。今でも、立ち食いの寿司店は人気だが、実は、それが江戸の食の原点なのだ。

立ち食いは、職人が多かった江戸っ子が、短時間に腹いっぱいにして次の現場に行くという、気の短い江戸気質の表れなのかもしれない。現代も、「立ち食い」の回転率のよさが、おいしいものを安く提供できるポイントとなっているのが面白い。

オリンピック

税金の使いみち、赤字になるかどうかはココで決まる

２０２０年の東京オリンピックは、経済効果が大いに期待されるビッグイベントだが、新国立競技場建設費やエンブレムの問題でいろいろとコストのことが話題となった。いったいオリンピックは、どれくらいの収益が見込まれるのだろうか。要するに、最終的に決算が黒字になれば、だれも文句はないはずだ。

過去の収支を見ると、例えば、１９９８年に開催された長野オリンピックの運営費は、１１４３億円。実質黒字が51億円と報告されている。黒字分の９割は長野五輪記念基金に、１割が日本オリンピック委員会（ＪＯＣ）に寄付された。

冬季五輪としては、初の「運営費１０００億円」超えで、開催が決まった当初は７６０億円の予定だった運営費はさらに４００億円もふくらんでいる。自然保護などに配慮したために余分な出費が増加したという。

一方で、各会場の入場券がほぼ完売したため、このかさんだ運営費をなんとかカ

バーできたのだ。入場券収入は59億円を見込んでいたが、最終的に105億円を売り上げた。

加えて、当時の円安傾向がプラスになった。ＩＯＣ（国際オリンピック委員会）がドル建てで契約したテレビ放映権料が、見込みでは約290億円だったが、結果的に約350億円の収益になった。

問題は、大会そのものは黒字で終わったものの、建設された競技施設の維持と管理が負担になっていることだ。スピードスケート会場の「エムウェーブ」に年間維持費が約17億円、その他、アイスホッケー、ボブスレーなどの各会場が、維持費にそれぞれ年間6～7億円かかる。

2012年のロンドン・オリンピックのメイン会場だった「オリンピック・パーク」は、大会終了後に一部は解体され、跡地は複合商業施設から映画館、スポーツ施設など、充実した近未来都市に変身している。8000戸の住宅が整備され、大会中に選手村として使われた施設はそのまま住居として利用された。

こうした跡地の「賢い有効利用」まで考えて計画、運営しないと、オリンピックは「レガシー（遺産）」どころか「負の遺産」となってしまうのだ。

ジェネリック家電

「同性能なのに低価格」を実現できる2つのポイント

ジェネリック医薬品はテレビでも盛んにＣＭが流れているのでおなじみだが、「ジェネリック家電」と呼ばれる家電が注目だ。ジェネリック家電とは医薬品の場合と同じように、大手メーカーの先発製品と同じくらいの性能でありながら、価格を安くした「後発の家電」のこと。ジェネリック家電製品には、ブルーレイプレーヤー、ＩＨ調理器、電子レンジ、掃除機、扇風機、パネルヒーター、ＬＥＤライト、空気清浄機、電動歯ブラシなどがある。扇風機は、今やジェネリックがトップシェアだ。

医薬品の場合は、薬の製法特許期間などが切れることでジェネリックが製造されるが、家電の場合は、「ＯＥＭ供給」や「模倣品」がジェネリック家電として流通している。ＯＥＭ供給は、メーカーが、別のメーカーのブランドで製造・供給するもので、例えば、自動車では、スズキが製造したワゴンを日産のブランドで販売する例などがあり、家電でもよく行われている。

ジェネリック家電は、OEM供給よりも、多くの場合、あまり有名ではないメーカーの製品や、ノーブランド品で、大手メーカーの同クラスのものより価格を下げるために機能が減らされている。ただし、「必要最低限の機能」は備えているという家電だ。逆に、今時の家電は、機能が多すぎてユーザーが「使いこなせない」ということもあり、機能が少ないほうが使いやすい場合もある。電子レンジの例では、機能を省いて5000円という低価格を実現している。

ジェネリック家電が安くできる秘密は、なんといっても「開発コストがほとんどかかっていない」という点だ。すでに大手メーカーが開発したノウハウ、設計を活用して、コストを大幅にカットする。また、機能カット、OEM供給もコストダウンのポイントだ。問題は、コストカットしたことで品質が低下していないかということだ。これは、あくまで日本製に限ってだが、大手メーカーの「基板」などの部品を格安で買い取って作るので、品質については心配はないという。また、大手メーカーから転職した技術者が現場を担当しており、技術面でも引けを取らないのだ。

日本のメーカーのような「メーカー名」なのに中国製のものもあるので、「メイド・イン・ジャパン」の表記を確かめたほうがいいことはいうまでもない。

マイナス金利

庶民にとって損か得かの分岐点

日銀（日本銀行）が「マイナス金利」を実施した時には、多くの方が、「銀行にお金を預けると損をするのか？」と心配されたことだろう。実際、ほとんどの銀行で定期をはじめとして預金金利が軒並み下げられ、銀行に預けていても、年に0・001％しか金利がつかないという事態が発生した。さすがに、普通の預金でマイナスになるという銀行は、今のところ日本では現れていないが、このマイナス金利は、なにか日本の経済にプラスになるのだろうか。

日銀によると、銀行が中小企業などに積極的に貸し出しをするようになる、という話だが、よく話を聞くと、景気が回復しているのは大企業だけで、中小企業のサイドでは、そんなに借り入れをしたいというところもあまりないようだ。

ただ、日銀のマイナス金利が実施されて、車のローン金利や住宅ローン金利が引き下げられたというケースが多々ある。車のローンは、「金利ゼロ」という商品まで現れた。一般市民にとっては、マイナス金利のメリットは、ローンの金利が下がるというあたりにあるようだ。

住宅ローンは、すでに日銀の金融緩和が行われてきたことによって、長期固定金利で2・5％くらいのレベルだったのが、マイナス金利実施でさらに下がって1・8％くらいになっている。となると、考えたいのが、すでに返済中の住宅ローンの「借り換え」をしてお得にならないかという点だ。住宅ローンは、だいたいローン残高が「1000万円以上」あって、ローンの期間が「10年以上」、借り換える金利の差が「1％」以上あれば借り換えたほうがお得といわれる。

例えば、今まで借りていた住宅ローンが、固定金利で2・55％だったという場合。残高が3000万円あって、残りの返済期間が30年だと、返済額は、約4480万円となる。このローンを固定金利1・5％のローンに借り換えると、返済額は約3925万円になって、なんと555万円も安上がりになるのだ。

ただし、注意が必要なのは、借り換えには「手数料」など諸費用がかかることだ。総額の2％くらいの手数料がかかる。その他、借り換える先の「優遇金利」に期間限定があると、一定期間が過ぎると金利が上がる場合があることに要注意だ。

ランチパスポート

1500円を500円にしても平気な「コストカット」の妙

500円のワンコインでランチを食べ歩くことができるので人気の「ランチパスポート」。中には1500円のランチが500円で提供されている店もある。なぜ、1000円もディスカウントできるのか、不思議に思った方も多いだろう。

ランチを提供するお店にとってもメリットがなければ、とてもこのシステムは続かない。店側の最大のメリットは、雑誌広告やチラシなどで宣伝すると数万円から十数万円以上のコストがかかるが、その宣伝を無料でやってくれることだ。

店は、掲載にあたって料金などは支払っていないので、常連のお客さんが増えれば宣伝コストはゼロですむ。ワンコインで提供するのは「出血サービス」だが、これで、お客さんの口コミによる客層の広がりも期待できる。

ランチは、会社員なら1人で食べに行くより2人連れ3人連れになるし、職場の女性たちを誘ってとなるので、さらにお客さんの層が拡大する。店としては、ランチで来てくれたお客さんが、ディナーなどでも利用してくれることが理想だろう。

お客さん側のメリットは、なんといってもランチ500円という価格がありがたい。1冊購入して、1000円相当のランチを3、4回も食べれば、すぐに元が取れてしまう。

ただし、3カ月の有効期限があるので、「計画的」に店を回らないと効率的ではないかもしれない。というのも、人気の店はランチタイムに行列ができること必至だからだ。ある店を目標に行ってみたら、満員で昼の時間には入れなかった、ということになる。

何店舗か候補を考えておいて、満員だったら次の候補店に行ってみるのが賢明だろう。時間が自由になる学生や主婦にとっては、いろいろな店を回ってみることができるので重宝この上ない。

一方、「ランチパスポート」の発行元はどこで利益を得ているかというと、それは書籍代金からのみとなる。それも、ただ掲載するだけではなく、「おいしい店」で、なおかつ「500円ランチ」に賛同してくれる店を探し、交渉をして撮影、編集などをしなければならない。店探しの手間と交渉力の賜物なのだ。

格安スマホ

見た目は同じ……なのに格安にできるこれだけの仕掛け

格安スマホは本当に「格安」でお得なのか。これはだれもが抱く疑問だろう。

格安スマホの月額料金が安くなるのは「ＳＩＭカード」のタイプによって「格安事業者」が通信事業者の回線を使用する料金設定が安いためだ。説明すると長くなるので、「ＳＩＭカード」の機能の違いと理解していただきたい。

従来の大手３社が４５００円程度から９０００円台の月額料金設定であるのに対して、格安スマホは２０００～３０００円前後。問題は「機能がどれだけ違うか」だ。通話料は大手とあまり変わらない。20円／30秒がスタンダード。ただ、これで電話を多用すると料金がかさむ。「かけ放題」のプランがあれば大手と同様になる。

違ってくるのは、例えば「通信速度」。大手キャリアは、ＬＴＥ（４Ｇ通信規格の一つ）対応のスマホが多く、最大ダウンロードで80～１５０Mbps（１秒に80～１５０メガビット）の高速回線が使用できる（エリアや機種によって変化）。格安スマホは一世代前の3G（14Mbps程度）専用の場合が多い。しかし、ネットを見たりメールが中心であれば問題ない。一方、大きなデータをダウンロードするのには向かない。

また、高速通信できるデータ容量が、大手は7GB（ギガバイト）に対して格安スマホは安いプランだと1～3ギガと少なめになる。

もう一つの違いは、店頭でのサポートのあるなしだ。大手は店頭で対面してサポートが受けられるが、格安スマホはネット利用かメール、電話での対応になる。機械にあまり強くない人は大手のほうが安心だ。

それでも格安スマホに乗り換えよう、と考えた場合、注意点がいくつかある。

まず、大手の契約を解除する場合、「契約解除料」がかかることだ。2年契約だと、2年目となる25カ月目の1カ月間以外は、9500円前後の解除料が必要になる。

また、電話番号を格安スマホに引き継ぐ時は「MNP転出手数料」が必要だ。これは2000～3000円。そして、必ずかかるのが「事務手数料」の3000円前後。加えて、大手の端末の代金に残金があれば、それを精算しなければならない。

これらの「機能の違い」や解約時の費用を計算した上でメリットがあるとなれば、格安スマホに乗り換えることも選択肢の一つだ。

くまモン

その稼ぎ2年で1244億円！ 他のゆるキャラと何が違った？

世の中、「ゆるキャラ」ブームで、地方自治体のキャンペーンなどでは、「ゆるキャラ」はもう決して欠かせないものになっている。中でも最も知られた「ゆるキャラ」で、しかも、ちょっと変わっているのが、熊本県ＰＲマスコットの「くまモン」だ。２０１０年から熊本県がキャンペーンで全国に派遣していて、今や知らない人はいないのではないだろうか。

くまモンの「モン」は、熊本の言葉で、「熊本者《もん》」という意味。決して「怪獣」のネーミングではない。見た目はシンプルで、「クマ」そのままではないかと思えるが、なかなかキャラが立っている。職業は、現在「公務員」となっていて、熊本県営業部長兼熊本県しあわせ部長を務めている。くまモンのユニークさは、その地位が公務員であることと関係する。くまモンのキャラは、熊本県の許可があれば、個人でも企業でもキャラクターとロゴを無料で使用することができるのだ。

これは、著作権を熊本県が買い上げたことで実現した。もともと、九州新幹線開通に向けた「くまもとサプライズ」というキャンペーンの一つとして、プロのデザイナーが提案したものなので、本来なら著作権関係が複雑になるところを、熊本県の英断で、「無料」としたことが、くまモンを全国区のキャラクターに成長させる最大の原動力となった。今では、アメリカ、中国、台湾、韓国、タイ、シンガポール、EU向けに商標も取得し、なんと香港のデパートまでもが、くまモンのキャラクターを採用している。

この経済効果がすごい。2012年の1年間で、くまモン関連グッズの売り上げは、293億6000万円に達したのだ。内訳は、食品関係が250億円、グッズが26億円など。そして、翌2013年の年間売り上げは、449億円となった。

日銀熊本支店の試算では、くまモンが2011年の「ゆるキャラグランプリ」で優勝してからの2年間で経済効果は1244億円だというからすごい。

滋賀県彦根市のゆるキャラ「ひこにゃん」が「先輩ゆるキャラ」としてよく比較されるが、ひこにゃんの年間最高売上額が、推定17億円であることを考えると、とてつもない「大スター」が熊本から生まれたことになる。

場所取り代行

花火大会、花見、祭り……そのびっくり相場

夏休みのメインイベントといえば「花火大会」ははずせない。花火大会観賞なしに、「夏」を語ることは日本では考えられないといっても過言ではない。

けれども、問題は「混雑」と「場所取り」だ。大きな花火大会の混雑ぶりは、尋常ではない。２００１年７月に兵庫県明石市の花火大会で、歩道橋上で混雑の中、多くの人がドミノ倒し状態になる事故が発生し、死者11名他多数の負傷者を出したことは記憶に新しい。

人気の花火大会は、地元の人たちが数日から１週間以上も前から、場所取りをしているケースがある。東京・隅田川の花火大会では、３週間前から場所を取っていたという話もあるほどだ。

そこで、「花火大会の場所取り代行」という仕事が注目される。河川の土手や河川敷など、公共と思える場所を、ブルーシートなどを敷いて確保し、それを当日、数

千円から数万円の場所代で提供する商売だ。

公共の場所を占拠するのは、実は、違法ではないという。人が通る通路や花壇などを占拠すると問題だが、それ以外の「ふだん人が利用していない場所」を占拠して、花火大会当日まで確保することは必ずしも違法ではないようだ（場所にもよるので、管理する自治体に確認したほうがよい）。

ただし、その場所を表立って「有料で権利を譲る」とすると法に触れるようで、あくまで「善意で場所を押さえて、見張っているだけ」ということにする。

東京・上野の公園で、桜の花見をする時に、新入社員が早朝から場所取りを半ば強制的にさせられることと同じと考えれば、確かにそれを規制することは難しい。花火の場所取り代行は、そういう「善意の行為」という建て前になっているのだ。

実際には、ホームページで申し込み、カップルなら2人分5000円から、団体なら4、5万円からで請け負うので、明らかに商売が目的だが……。大手企業からの依頼もあるとのことで、花見、花火大会、祭り見物、屋外イベントなどさまざまなケースに対応するという。

学校給食

今の子どもたちは〝お父さんのランチ〟より良いものを食べている？

学校給食の給食費を支払わないで滞納している保護者がいる、と問題になった。中には「義務教育だから無料にするべきだ」という意見の人もいるそうだ。給食費は、主食、おかず、牛乳がそろった「完全給食」で、小学校が1カ月3500円〜4000円前後（低学年は安くなる）、中学校で同4500円〜5000円が平均的で、1食につき250円程度が目安だという。1カ月の給食費は、給食がある日数によって変動する。この250円が保護者の負担で、食材費の一部ということだ。

普通の飲食店が、食材費の割合＝原価率を30％に設定している例から見ると、給食で出される食事は、飲食店の840円のランチくらいに相当する計算になる。

学校給食のコストが低く抑えられている理由には、①給食提供の設備費、水道光熱費、管理維持費などがすべて税金や寄付によってまかなわれていること、そして、②人件費がすべて税金で負担され、③給食によって「利益」を上げることが目的と

すごくお得な学校給食の原価

1カ月 = 4500〜5000円

↓

1食 = 約250円

↓ 原価率30%のレストランに換算すると…

840円
のランチに相当!!

学校給食がお得なワケ

❶ 設備、光熱費、人件費などが税金負担

❷ 利益を目的としていない

❸ 大量仕入れによるコストダウン

❹ 教室への運搬・配膳の人件費は児童参加により0円

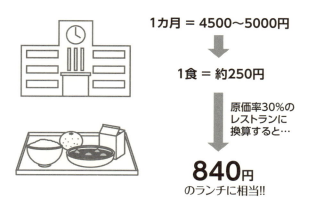

されず、④原材料費を大量に仕入れて大量生産によって抑え、年間を通じて食材を毎年、計画的に発注していること、さらには、⑤教室への運搬、配膳などの人件費を児童が参加することでカットしていることなどがある。

また、全国学校給食会連合会（全給連）という各都道府県の学校給食会の連合会があり、この団体が音頭を取って、学校給食用の米やパンの小麦、その他の穀物や調味料などを市場価格より安価、安定的に仕入れるシステムを作っている。十数年前まで学校給食用に「政府米」が値引きされて提供され、その値引き価格は市場価格の半額前後だった。他には、各学校給食会と農協や近隣農家が提携して、地元の学校のために農産物を安価に提供するルートも作られている。例えば、形が悪い、小さいなどで農協のルートに乗せられない作物が提供される例もある。

ここまでみんなで応援するのであれば、いっそのこと給食を無料にすればいいのではないかとも思えるが、給食の実施については「学校給食法」という法律で細かく規定され、その条文に食材の経費は保護者が負担するとなっている。この法律を改正しない限り、1食約250円の負担は、保護者の義務というわけだ。

コラム

値引きのトリック　ブランド店は「●%オフ」としても「×割引」とはしないワケ

値引き販売は、購入者にとって「お得」なはずだが、本当に得なのかわかりにくいこともある。例えば、「ノートパソコン」と「インターネット・プロバイダー契約」がカップリングされていて、パソコン購入と同時にプロバイダー契約をすると「3万円引き」といったものがある。ところが、普通はだれでもすでにプロバイダーには加入しているので悩ましいのだ。

ファッション関連だと、ブランドものの場合は、「×割引」というより、「△%OFF」と表示したほうが売れるという傾向があるという。ブランド衣料品の場合、お客さんは、その「ブランドの価値」を買うので、「×割引」と表示するとイメージが壊されるのだと考えられる。ましてや、スーパーの衣料品のように、「1000円引き」といった表示ではイメージが完全にぶち壊しということになる。商品が持つイメージによって、値引きの表現の仕方は変えなければならないということだ。

城

再建費用、想像以上にびっくり価格なその内訳

世界遺産・姫路城の大天守が修理され、以前にも増して美しくなった。日本の城の素晴らしさを体現している。ところで、昨今は城の再建が一つのブームとなっている。江戸城を再建しようという動きもある。江戸城の天守閣は、1657年の明暦の大火で焼失して以来、再建されていない。

江戸城再建を目指すNPO法人も活動し、再建の動きは現実味を帯びてきているが、費用は数百億円といわれる。姫路城の修理だけでも期間は5年半、延べ1万5000人の職人が投入され、24億円が費やされた。

他には、静岡市の駿府《すんぷ》城の天守台の復元が具体化しつつある。ただし、こちらは天守閣ではなく、土台の天守台のみの再建だ。これだけでも発掘費用が2億円、総額は概算で60億円といわれる。駿府城では、400年ぶりに坤櫓《ひつじさるやぐら》が復元された。2層3階の櫓の建設費用は4億3000万円だ。

坤櫓は公開されていて、入場料はおとな100円、中学生以下50円だから、おとながが430万人来場して初めて元が取れる計算だ（実際には日々の維持費、人件費などがかかるので、もっと金額は跳ね上がる）。

日本全国各地で城は再建されているが、1950〜60年代の城復元ブームの時に再建された城の多くが「コンクリートの城」だった。当時は建築基準法で、公共の建物に木造建築物の高さ制限があったために、鉄筋コンクリート造が選択された。北海道の松前城、愛知の名古屋城、岐阜の大垣城、和歌山城、岡山城、広島県の福山城と広島城、熊本城などがコンクリートで再現された。

ところが、その時期に建造されたコンクリートの城の耐用年数が50〜60年以上たって、そろそろぎりぎりとなり、傷みが見られるようになって建て替えが検討され始めている。そこで、木造の城の再建が検討されているのだ。建築基準法が改正され、木造の天守閣の建設が可能になったことも追い風となっている。

名古屋城や和歌山城が今、木造で再建できないかと調査が行われているが、天守閣を一つ建てるとなると、樹齢数百年レベルのヒノキが大量に必要で、費用も400億円程度かかる。このように、手間も人手も相当かかるのが天守閣なのだ。

自費出版

好きなことを書いて儲けを出すには、このコストに注目

自分史をはじめとして、「随筆」や「詩集」、「歌集」、近在の歴史や地誌など、自分なりの研究を本にして世に問いたい、または、形に残したいという自費出版が盛んだ。団塊世代がリタイアして、趣味の一環として本を作ることが増え、一説には市場規模が600億円ともいわれる。

一般に自費出版というと、原稿を自分で執筆して、その後の編集、印刷などのプロセスにかかる費用をすべて個人が負担する「個人出版」のことを指す。「自分史」の場合、本人に何度か取材をしてプロのライターが書くケースもあるが、この場合はライターへの執筆料が発生する。

また、出版社が自社の出版物として出せると判断して、初版の制作費用を個人に負担してもらい、書店にも取次を通して配本する「協力出版」というパターンもある。この場合、初版が売れて本が増刷されれば著者に「印税」が入ってくる。

一般書店に自分の本を出したいという願望がある方は多いが、取次から配本するためには1000部以上印刷する必要がある。この部数でも当然、主立ったすべての書店には配本されないので、出版社から直接配本するという場合もある。

制作コストは、サイズ、ページ数、部数などで変わる。一般書籍サイズのA5判、200ページ、1000部の本だと原稿をすべて自分で書いた場合で70万円から80万円だ。これを2000部に増やしてもコストは倍にはならず、プラス15万円程度で制作できる。つまり、販売価格を1500円に設定したとすると、1冊あたりの値段は、1000部では700円～800円、2000部では425円～475円でできることになる。売れる自信があれば、多めに制作するほうが単価がかなり安くなる。書店に配本すると流通手数料でプラス15～20万円前後必要だ。

部数を減らせば価格は下がる。A5判、200ページ、300部で30万円前後。少し小さめサイズのB6判、200ページ、500部程度だと40万円前後でできる。原稿をプロのライターに依頼すると執筆料が50万円から100万円（内容と取材回数などで変わる）を見なければならない。いずれも、写真やイラスト、地図などの図版は自分で用意することが前提だ。

選挙

「マスコミは選挙のたびに収益が上がる」その意外な仕組み

国政選挙は日本の行く末を左右する重要なイベントだ。国民・有権者一人ひとりが自分の考えを1票に託して投票するわけだが、国民のためというより政治家や政府の都合で選挙が行われている気がするのは納得がいかない。なにしろ選挙にはお金がかかる。一説には700億円とか800億円ともいわれる税金が注ぎ込まれているのだ。いったい、いくらかかっているのか、本来は国民に周知するべきだろう。

総務省のレビュー（総選挙の決算報告と評価）によると、2012年12月の総選挙の予算額が696億円、そのうち「執行額」つまり実際に使われた額が587億円で執行率84・4％。内訳は、47都道府県に542億円が「委託」として分配されている。各地の選挙区ごとの運営費に多くの部分が費やされる。他に「選挙公営費」として5社の放送事業者（テレビ局など）に1億800万円が「政見・経歴放送経費」として、53社の新聞社に20億7900万円が「新聞広告費」として、18社の交通事

選挙費用の意外な使いみち

2012年12月の総選挙の場合

実際に使われたお金**587**億円

↓ 各地の選挙区ごとの運営費をのぞくと…

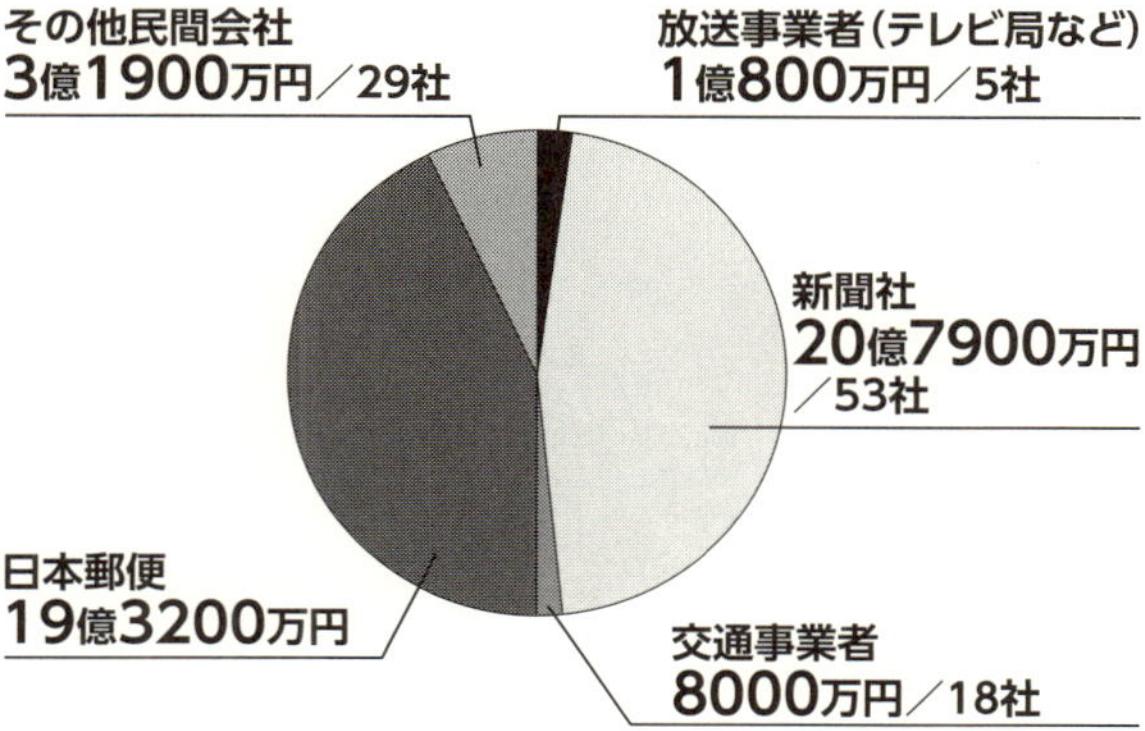

※総務省のレビューより

業者などに8000万円が「選挙公営費」として、日本郵便に19億3200万円が「選挙公営費」として支払われている。他に「啓発企画など」で民間会社29社に3億1900万円、「委員手当など」として100万円が使われた。

地方自治体ごとの使途を、東京都の例で見てみよう。「公営費（新聞広告、放送、ポスター）」に16億7500万円、「選挙公報発行費」に5300万円、「選挙啓発費」に900万円、「開票速報業務」に800万円、「選挙事務費」に2億1600万円、市区町村への「交付額」が22億500万円で、合計41億6600万円となっている。47都道府県の平均は11億5300万円なので、東京都はかなり多い。

内訳からは、都道府県〜市区町村に回る予算が大部分だとわかるが、テレビ局、新聞社にも一律にお金が回っていることも見て取れる。つまり、マスコミは、選挙のたびに収益が上がる仕組みだ。とくに衆院の場合、解散、総選挙の目的がはっきりしないことが多いが、マスコミが真正面から批判しない理由はこのあたりにありそうだ。この総務省の経費以外に、ネット選挙啓発に8億9500万円、政党交付金68億5200万円などもかかり、結局、666億円の税金が使われている。この高いコストに見合う政治をやってもらわなければ国民としては困ってしまう。

2章

一見お得なサービスの原価

知らなきゃ損するところだった！

プライベート・ブランド

コストカットは〝こんな部分〟で行われる

大手スーパーなどが展開している「PB＝プライベート・ブランド」は、年々、品質が向上して、一般のメーカー商品とほぼ変わらないレベルにまで成長している。

PBが一般商品より安い理由は、コストの構造を見るとよくわかる。意外なことに、原材料費は、PBと一般商品ではさして変わらないのに、PBは、コストカットによって、低価格を実現している。

とくに食品の場合、「味」と「安全性」が最も重視されるが、この点でも、PBは健闘している。例えば、ポテトチップスの場合、ある大手スーパーのPBでは、使用する調味料を減らすことでコストカットしている。

PBの強みは、「包装」などでコストカットができることだ。パッケージのデザインは、一般商品だと、「商品イメージ」を売るために、高額なデザイナーに発注して、テレビCMに予算をかけ、パッケージそのものにもコストをかけている。

ところが、ＰＢの場合、それらをすべてカットできる。ＰＢ商品は、ほぼすべてのＰＢ商品が「統一デザイン」で、とくに外部のデザイナーに発注することがない。包装素材にもコストをかけず、シンプルに、そして、ベーシックなパッケージとなっている。

一例としては、あるＰＢの「カップラーメン」は、一般商品では別々に包装されていた「具とスープ」を一つの袋に入れている。こうしたコストカットで10円近くカットできる。そして、ＰＢ商品は、自社のスーパーで売るので広告宣伝費などがいっさいいらない。これによって、さらに30円ほどがカットされるのだ。

結果として、一般のメーカー品が１３０円程度で販売しているカップラーメンを、ＰＢであれば、80円前後で販売することができる。

他の例では、衣料用洗剤に、普通なら入っている「プラスチックの計量スプーン」をつけないことでコストを減らしている。この計量スプーンは、実際、丈夫で長く使えるものだから、なにも製品一つひとつに入っている必要はない。また、ティッシュペーパーの紙箱をやめて、簡易なビニール包装にすることで20％程度、低価格で提供できたという例もある。ＰＢは、まだまだ「伸びしろ」があるようだ。

激安回転寿司のマグロ

高価なマグロを安価で食べても結局得しない客の共通点

寿司をはじめとして、和食にマグロは欠かせない。ところが、マグロ資源は、乱獲で絶滅の危機もあるとされ、九州の漁協の中には自主的にマグロの禁漁期間を設けるところも現れた。漁師も資源の減少を実感しているのだ。

おまけに日本食が健康にいいという評価が高まったお陰で、中国の富裕層がそれまで食べなかったマグロの刺身を食するようになって、マグロの需要は高まるばかり。寿司好きとしては、気になるところだ。

いろいろな事情もあって、マグロの相場にはかなり変動がある。季節やマグロの種類、生鮮か冷凍かによっても変わる。そんな中で激安回転寿司のお店などはマグロをお品書きからはずすわけにはいかない。

本マグロ（クロマグロ）の生を産地直送で買うと、15キロ程度で8万円くらい。これで、1人前100グラムの刺身が70人前は作れて、1人前平均約1140円となる。マグロ1本の身のうち15％くらいが中トロと大トロ（15キロなら2300グラム程度）で、大トロはその中の20％くらいだが、中トロ、大トロを別価格にすれば赤身は1人前1000円以下で提供することができる。

1皿2貫100円程度で提供している回転寿司店の場合、原価が高いのはウニ＝85円、マグロ＝80円、イクラ＝70円など。原価率70％以上では利益は見込めない。しかし、これらのネタは必要不可欠。では、寿司店は、どうやって利益を出すかというと、主に子どもが好むタマゴ、エビ、ツナサラダ軍艦巻き、カッパ巻きなどで利益を確保する。これらのネタは原価20円ほどに抑えられているからだ。

もう一つはコストカットの徹底だ。激安回転寿司店では、寿司職人を置かないところもある。マシンで握ったシャリにネタを乗せるだけという合理化が進んでいる。また、食材の鮮度が落ちて廃棄する「ロス率」を低くするために、タッチパネルで注文を受けてから提供するところも増えている。これで、ロス率を下げるとともに、注文を受ける手間も人件費も抑えられる。タイやハマチは、皮を引くと鮮度が落ち始めるので、皮がついたまま冷蔵し、注文が入ってから皮を引くほうが鮮度が保てて効率がいいという。さまざまな努力で激安寿司が提供されるのだ。

ランチメニュー

なぜ、高コスパのランチには「煮込み料理」が欠かせないのか

ランチタイムに1000円前後というお手頃価格でOLやサラリーマン向けのランチを提供しているレストランの採算は、どうやって確保しているのだろうか。仕事の途中に昼間からワインやビールを注文する人は少ないので、料理そのもので利益を確保しなければならない。

メニューを見るとビーフなどのシチューや野菜の煮込み料理など数種類から選ぶパターンが多い。セットに飲み物とデザートがついても、日替わりメニューでは「ミニ杏仁豆腐」や「シャーベット」のいずれかに限られていたりする。お客さんの選択肢は、「メインをどの煮込み料理にするか」という一点に絞られてくるのだ。

店が「煮込み」に絞っている理由は、「お客さんの回転率を上げるため」だ。煮込み料理なら前日、または早朝から作り置きしておいて、温めて出すだけなので、ランチで集中してお客さんが来ても対応できる。また、作り置きしておくことで食材

にスープが染みてよりおいしくなる。お客さんも昼休みにゆっくりしているほどの時間はない。テキパキと出された料理を短時間で食べて職場に戻れる。昼休みの1時間で、何回転するかが店としては勝負どころだ。

もちろん、毎日同じ「煮込みメニュー」ばかりでは、お客さんに飽きられてしまう。そこで、煮物でも、「カレー仕立て」とか「ボルシチ風」、「韓国料理風」、「トムヤムクン風」など、いろいろなアレンジを加える。

煮込み料理のもう一つのメリットは、ワンランク低いレベルの肉を使っても、よく煮込んでおけばおいしくなる、という点だ。

少々高級志向のレストランでも、ランチはやはり1000円程度で出されている。ディナータイムのパスタが1300円くらいする場合でも、ランチでは、1000円で同じパスタにサラダと飲み物がついていたりする。

こういった高めレストランのランチも、「煮込み作戦」と同様にメニューを3、4種類に限定することで手間と人件費を抑え、低価格で提供している。加えて、昼に食べたお客さんが、ディナーで利用するきっかけとなることを見込んで、「宣伝」の意味も込めたランチ営業なのだ。

味の良い店ほど、表通りからは遠ざかる理由

老舗《しにせ》の寿司屋とか、名代《なだい》のそば屋とかで隠れた名店がある。今でこそ、「グルメ雑誌」などに詳細な地図とプロフィールが掲載されていたりするが、昔は、うわさを聞いて訪ねて行っても店が見つからない、というようなところに名店があった。

そうなのだ。「名店」というのは、なぜか「裏通り」にあって、見逃しやすいロケーションのことが多い。これは、かつては繁華街沿いだったのだが、新しい駅ができたり、商店街のアーケードができたりして、人の流れも町の構造も変わり、長い間に「裏通り」になっていた、というケースもある。

最近、そういう名店を訪れることが「静かなブーム」のようで、「テレビ取材拒否」をしていたような店が、ぼちぼちと紹介される。なにしろ、テレビで紹介されると、一時的にお客さんが増えて、常連客が入れなくなることが多いので、名店は、あまり名前を表に出したがらないのだ。

このところ話題になっているのは、総武線の浅草橋駅界隈に、名店が多いという「うわさ」。創業150年のそば屋から、ガード下の洒落たイタリアンまで、バラエティも豊かだ。ガード下に店舗スペースがあることと、花街としての歴史が名店を生み出している。脚光を浴びて栄えている秋葉原から、ひと駅シフトしていて、ある意味静かな街であることも名店が増える原因かもしれない。

そもそも「名店」といわれる条件は、まず「おいしい」こと、そして「値段が手頃」、「雰囲気がいい」、「また行きたくなる」といったところだ。そんな名店が、どうしてできるのか。

その秘密は、「家賃」、「人件費」などの固定費が、繁華街や商店街の店より少なく、その分を食材のグレードなどに反映することができることだろう。店が自宅、または自前の物件であれば、家賃はほぼゼロだ。ざっと計算して、固定費のうち10～20％くらいを余分に仕入れ費に回せる。価格を安く保つことに回すこともできるし、より凝った食材の仕入れに回すこともできる。

古くからの店で、おやじさんとおかみさんが切り盛りしていれば、人件費もほぼゼロとなる。グルメ雑誌に掲載されなくても、「いい味」を継続できるのだ。

スマホアプリ

便利・面白そうなアプリに仕掛けられている「無料の罠」

スマートフォン（以下、スマホ）の最大の魅力は、数多くのアプリがあって、ダウンロードすることで、すぐに利用できることだ。しかも、その中には無料のアプリも多く、なぜ無料なのかと不思議に思えるほど便利なものもある。スマホで楽器演奏を楽しむことができるものや、顔写真を加工できるものなど、結構実用的なアプリがいろいろとある。

よくできたスマホアプリが無料になる理由は、まず一つに、まったくの趣味でアプリを制作している人がいるということだ。それを発表して多くの人にダウンロードしてもらい、そこに自分の名前がクレジットされているだけで満足するという人が結構存在する。

パソコンソフトにもフリーウェアと呼ばれる無料で配布されているソフトがたくさんある。市販のソフトより優秀なソフトがまったくの無料で数多く出回っている。

インターネットが普及し始めた初期の頃のブラウザ「ネットスケープ」も、当初、無料で配布されてインターネットの利用が拡大することに大きく貢献した。ネットスケープは、初めの頃は、機能が制限されたバージョンが無料で世界中に配布された。その後、機能制限がない有料の製品版を販売する戦略で成功し、その後のネット産業のモデルとなった。

最近、問題になっているのは、無料のゲームソフトが配布されて、それで子どもたちが遊ぶうちに、いつの間にか有料のアイテムなどを買ってしまうという「落とし穴」が設けられているケースがあることだ。テレビＣＭで「無料です！」と強調しているゲームには、そういう傾向が強い。もし、本当に最後まで無料のゲームであれば、大量のテレビＣＭを流すことは到底できない。

もう一つのケースは、無料アプリや無料ゲームをダウンロードすると、そこに企業がスポンサーとして広告を出していたり、企業の広報サイトに誘導されるという例がある。一度、ダウンロードをすると、関連企業の宣伝メールなどがどんどん届いたりという例もある。うっかりダウンロードすると、煩わしいセールス・メールを延々と受け取ることになるので注意が必要だ。

ホテルのバイキング

元が取れる「食べ方」、かえって損する「食べ方」

バイキングといえば「食べ放題」。しかし、洒落たホテルでのバイキングとなると、そんなに「がっつく」のも恥ずかしい。そういう時には、目立たないように原価率が高いものをスマートにいただくのがベストの選択。

まず、甘いものは先に食べない。血中の糖分が増加すると食欲が減退する。飲み物もできるだけ飲まない。甘いジュースは禁物だ。集中するのは、原価が高い肉類。ローストビーフがあれば、それを300グラム以上、それとなくいただけば元が取れる。

シェフが切り分けていることが多いので、お客さんの列が空いた時を狙う。長い列に並ぶのは、格好も悪いし何より効率が悪い。牛肉以外でも、ポークソテー、チキンの照り焼きなどを狙う。なにしろ、肉類の料理は、そのホテルのシェフの自慢の味であることが多い。もう一つはカレー。これも高級な肉類が使われている上に、ホテルの「看板料理」である場合が多いのだ。これを見逃す手はない。

原価から見たバイキングで損しない5ヶ条

バイキングでは「肉類」を狙え!

- 甘い物は禁物!
  血中の糖分が増加して、量が食べられなくなる
- 飲み物もなるべく飲まない
  甘いジュースは禁物
- ローストビーフを300グラム以上食べれば
  元は取れる
- 偏ったメニューをたくさん取らないこと。
  おいしくないものもある
- とりあえず味見の意味で、ひとさじ分ずつ
  取ってくるのがいい

住宅リノベーション

価格を抑える「2通りのビジネスモデル」のウラ側

既存の住宅の内部を大幅に作り替えて、自分だけの思い通りの空間を作ろうというのがリノベーション。住宅リフォームとの違いは、リフォームが例えば、水回りを新しい設備に交換するという発想なのに対して、リノベーションは、キッチンの位置を変えたりと間取りそのものをリニューアルする「改装」を意味する。

このリノベーションに「定額制」のものが出現している。自分のこだわりでプランすると、最初に出してもらった「見積もり額」を超えて予算オーバーになりがちだが、そこを「定額」で行うというのだ。主に、都市部で新築マンションは高くて手が届かないようなところで、築20年から30年くらいの中古物件の、室内を「骨格だけの状態＝スケルトン」にして間取りを刷新する。

内容は、間取り変更、居室のフローリング貼り、壁・天井のクロス貼り、玄関・居室の収納新設、ドア交換、キッチン、浴室、トイレの交換、耐震補強までがその定額に含まれる。これらすべてのパッケージ化で、資材や設備を大量仕入れすることで、価格を抑えて定額制にできるようになったのだ。デザイナーによる内装のパターンから選んだり、自分のアイデアを活かすこともできる。

価格は、基本的なプランだと1平米（平方メートル）10万円から。80平米のマンションなら総額800万円だ。この他、有名アートディレクターがプランする「カフェスタイル」という、まるで東京・青山あたりのカフェのようなデザインと内装システムで60平米700万円台半ばのプランとか、「パリのアパート風」で60平米600万円程度の基礎的なプランも用意されている。

「定額」ではないが、ネット通販のアマゾンもリフォーム市場に参入し、激安価格を提示している。例えば、通常130万円（工事費込）でハウジングメーカーが販売しているシステムキッチンは、まったく同じ商品をアマゾンでは、なんと35万円を切る価格で提供している（工事費込）。もちろんハウジングメーカーの工事管理によるもので、この価格はメーカーとのタイアップと大量販売で実現しているという。

ただし、ネットを見ただけで購入するのはちょっと不安。ハウジングメーカーのショールームで現物を十分にチェックしてから購入を検討するのが賢明だろう。

激安弁当

低価格を実現するために、「あるおかず」の原産が変わった

サラリーマンやＯＬの昼食は、ワンコイン＝「５００円」以下が昨今の基準のようだ。この実態を見ても、日本の景気が回復していないことがわかる。ランチに５００円以下で食べられるものというと、相当限られる。

一番人気は、牛丼だろう。３００円台で牛肉が食べられるものといったら、牛丼以外にはない。牛丼チェーンが「期間限定」メニューのキャンペーンを行うと圧倒的にお客さんが増えることからもそれがわかる。ファストフードの割安「ハンバーガー」セットより、ご飯が一番という「ご飯党」にとっては、牛丼ははずせないメニューだ。

大手牛丼チェーン店や大手ファストフード店が、そういった「ワンコイン」の価格で展開すれば、いわゆる「町のお弁当屋さん」も対抗せざるを得ない。

東京の下町にある、とある弁当屋さんでは「鶏ひき肉ハンバーグ弁当」を２２０

とある弁当屋さんの「激安弁当」と原価

◆「鶏ひき肉ハンバーグ弁当」220円（税込）

・国産ブレンド米250グラム	……40円
・ジャガイモの煮物	……10円
・スパゲティ	……15円
・漬け物	……15円
●鶏ひき肉ハンバーグ（200g）	……80円
材料原価	計160円
原価率	70%超

↓

●鶏ひき肉ハンバーグ ➡ ブラジル産の鶏肉に
1個あたり80円 ➡ 40円に
約半分にコストカット

円（税込み）で提供している。その原価は、当初、国産ブレンド米250グラム＝40円、ジャガイモの煮物＝10円、スパゲティ＝15円、漬け物＝15円に、鶏ひき肉ハンバーグ200グラム＝80円だった。材料の原価は160円で、原価率は70％超という厳しいところだった。

これでは、水道光熱費、人件費など諸経費を差し引くと利益は出ない。そこで、メインの鶏ひき肉ハンバーグをブラジル産の鶏肉で加工したところ、1個あたり40円まで原価を下げることができた。ブラジル産鶏肉は、下味の付け方、調理方法を少し工夫すれば、味も風味も国産のものと変わりがなかったのだ。

もう一つ、「町のお弁当屋さん」には強みがある。コンビニやスーパーで昼のお弁当を買う人は、弁当だけしか買わないことが多いが、「お弁当屋さん」では、サイドメニューを同時に買ってもらえるチャンスがある。

ポテトサラダ、生野菜サラダ、鶏の唐揚げなど、弁当と一緒に買ってもらえれば利益率が一気に上がる。「サケ弁当」を買ったお客さんが、原価50円の鶏の唐揚げを「200円」で買ってくれれば、一気に弁当が2個売れたくらいの利益率になるわけだ。

コラム

数字のトリック　値段を高く感じさせる数字、安く感じさせる数字

おつまみ「全品298円」、という居酒屋がある。片や、スーパーの値札は、「2個で88円」、「3個で198円」とこれまた「8」や「9」のオンパレード。なぜ、ここまでこうした「端数《はすう》」の数字が、料金表示に用いられるのだろうか。

実は数字には、ものの値段を「高く感じさせる数字」と「安く感じさせる数字」があるという。

「高く感じさせる」のが「1、2、3、4」で「安く感じさせる」のが「6、7、8、9」だという。そのどちらでもないのが「0、5」だそうだ。

確かに、店頭の値札を見ていると、「200円」と「198円」では、実際の値段の差以上に「198円」のほうが安く感じられる。ここに消費税分が加わると、まったく違う数字に見えてしまう。それぞれに、消費税分をプラスすると「216円」と「213円」だ。なんとなく、「216円」のほうが安く感じられないだろうか。数字にはそんなトリックが含まれているようだ。

コンビニ

近所の便利なあの店……潰さないためにはこれだけの売り上げが必要

町を歩いていて何気なく目に入る、いつものコンビニエンスストア＝コンビニだが、気をつけてみると「栄枯盛衰」が激しいようだ。というのも、駅前から少しはずれたところに出店したコンビニと同じコンビニチェーン店が、そこより駅近くに出店するという「激しい競争」が行われているからだ。

コンビニには、つねにお客さんがいて繁盛しているようにも見えるが、意外にも売り上げは見た目ほど上がっていない。お客さんの多くは、おにぎりや飲み物、雑誌など、せいぜい数百円の買い物しかしない。1日の売り上げの採算ラインは、都市部で50万円、地方なら40万円といわれる。都市部で日商40万円を切ると、かなり厳しい。そこから本部にロイヤルティーを払わなければならないのだ。

同じチェーン店が、わりと近くに出店するのは、コンビニの本部が「このあたりは売り上げがいいみたい」と見ると、本部の直営店を出店したりするためだ。このため熾烈《しれつ》な競争となる。

また、昨今は、ドラッグストアがコンビニと同じ商品を扱い始めている。ドラッグストアの商品は、コンビニよりディスカウントされているものが多いので、こちらも従来からのコンビニには痛い。ドラッグストアでしか買えない医薬品の他に、弁当や総菜に加えて、「セルフ式コーヒー」まで用意しているところもある。

さらに加えて、このところスーパーも朝早くから夜遅くまで営業したり、24時間営業の店舗も増えている。コンビニは、価格と品揃えではスーパーには到底かなわないので、近所のスーパーが24時間になるとかなり影響を受ける。

もう一つ、「万引き」という名の「窃盗」の多さがコンビニの経営を圧迫している面もある。弁当などの「ロス率」が高くなる夏場などは、これも経営リスクとなる。冬場に、人気のはずの「おでん」でも、意外にロスが出るという。売れ残りを店員が買い取るという店舗もあるようだ。コンビニは、家族経営が多く、24時間オープンすることは、一家にとってかなりの負担となる。アルバイトに急に辞められると、家族が交代で徹夜をしなければならない。しかも、本部とは10年、15年という期間の契約をするが、優良店でないと再契約してもらえないことも多いようだ。

希少ペット

ハリネズミから高級熱帯魚。原価率的にお得なのはどの動物？

ペットのバリエーションが増えつつある。イグアナなどの爬虫類を飼うのはすでに珍しくなくなり、もっと珍しいペット、人が飼わない動物が求められている。

ベトナムのホーチミン市に卸価格で希少動物を販売する店がある。その店の価格を紹介しよう。シロハリネズミ＝63ドル（7560円）。アゴヒゲトカゲ＝125ドル（1万5000円）。マーモセット（オマキザル科の小さなサル）＝6000ドル（72万円）。タランチュラ（毒は持っていないそうだが、咬まれると腫れることがあるとか）＝31ドル（3720円）。チンチラ（齧歯目《げっしもく》チンチラ科のネズミの仲間）＝500ドル（6万円）。シロザメ＝300ドル（3万6000円）。

ただし、これらの動物が合法的にベトナムから日本に輸入できるかどうかは定かではない。高額な希少動物でペットとして飼うことができるものとしては、以下のような動物が入手できる。スミレコンゴウインコ（オウム科）＝300万円～

1000万円。マゼランペンギン＝80万円（ただし、飼育設備に300万円程度かかる）。カピバラ＝50万円（カピバラも、湖沼で生息する動物なので、飼育設備にプールなどが必要。温泉である必要はない）。シロフクロウ＝30万円（映画『ハリーポッター』では手紙を運んでいたが、実際には難しそうだ）。ブラックアロワナ（プラチナ種）＝50万円（アロワナは、シルバーアロワナなら飼いやすく、価格も1500円からとお手頃）。アルダブラゾウガメ（セーシェル諸島のゾウガメ）＝25万円。キタコアリクイ＝88万円（南米に生息するアリクイ）。

以下は、動物園が購入する価格だそうだが、中国の経済が減速傾向になったのと並行して価格が下がっているという。バッファロー（アフリカ種）＝247万円。セーブルアンテロープ（レイヨウの一種）＝114万円。アフリカライオン＝45万円。アフリカ象＝3000万円。ライオン、アフリカ象などは、子どもの時に輸送するそうだが、それでも数百万円の輸送コストがかかるという。

他には、こんなペットも。ヤシガニ＝3万円（沖縄、奄美大島、八重山諸島に生息）。ピグミーヘッジホッグ（ハリネズミの仲間）＝1万5800円。ミーアキャット＝25万円。プレーリードッグ＝2万円、なども飼われている。

居酒屋のランチ

夜よりも昼のほうがコスパがいいワケ

居酒屋は、メニュー全体の原価率は30％くらいなのに対して、ドリンクの原価率は15％前後に抑えられている。つまり、居酒屋では、料理を提供するより、ドリンクだけ出していたほうが利益率が高いし、料理やサービスの手間も省けるのだ。

そんな居酒屋が、ドリンク類の注文があまり見込めない「ランチタイム」に営業をするのは、夜のディナー・タイムの営業だけでは利益を確保することが難しいという現実があるためだ。

ただし、ランチタイムに営業をすれば、人件費も余分にかかるし、材料費、水道光熱費も当然かかる。それでも、ランチタイムにお客さんを呼び込むことで、店舗の賃貸料や設備の減価償却、光熱費の基本料金の割合などを考慮すると、メリットがある。もう一つは、ランチタイム営業によって、店の特徴をお客さんに知ってもらい、顧客拡大にプラスになるというメリットも計算されている。これもかなりの大きなメリットだ。例えば、近隣のサラリーマンやOLが、たまたま居酒屋にランチを食べに来て、「宴会メニュー」に関心を示し、忘年会、新年会に利用するという展開も見込める。

居酒屋のランチは、多くの場合、メニューが限定されている。焼き魚、刺身定食、海鮮丼などだが、居酒屋のメニューは、食事のクオリティが非常に高いので、初めて居酒屋でランチを食べた人は、ある種、感動するかもしれない。夜の営業と同じクオリティのメニューがたくさん提供できれば、多く仕入れて単価も抑えられるし、いいものが出せるのだ。

ランチタイム営業のもう一つのメリットは、お客さんが来店する時間が「昼休み」の短い時間帯に限られていて、しかも、食べたらすぐに店を出るので回転率がいいということ。

夜の居酒屋のお客さんは、リピーターが多く、あまり新しい店を開拓しようとしないものだが、ランチなら、いろいろな店に入る可能性が高いことも、ランチタイム営業の大きなメリットとなる。また、主婦層など、夜の居酒屋タイムにはまず来店しない客層が、居酒屋タイムの営業に関心を持つということも考えられる。

豪華列車

かつてない高級路線！ 果たして100万円は妥当か否か

JR九州の「ななつ星」など各地の鉄道会社が運行している豪華列車が話題になっている。だれでもいつか乗ってみたい、と考えるだろう。豪華なのはいいが、果たしてその料金に見合うだけの内容なのか、それが気にかかる。

九州の「ななつ星」を例に上げてみよう。1泊2日コースと3泊4日コースがあるが、ここでは、3泊4日コースの内容をバスツアーと比較して、どちらがお得か検討してみた。

「ななつ星」、1日目は博多駅を出発して大分の由布院へ向かう。「ゆふいん温泉」で散策、入浴を楽しんでその日は車中泊。2日目は美々津、宮崎などを観光し、午後に鹿児島県の隼人で霧島温泉の旅館泊。

3日目は霧島で散策、植樹をおこなって、肥薩オレンジ鉄道で夕日を拝観。この日は車中泊。4日目は阿蘇山観光で、途中、バスプランなどがあり、大分経由で博多に戻るコースだ。料金は、2名1室で1人当たり約39万円～56万円。1名1室だと約62万円～98万円だ。

訪問した各地で、歓迎のイベントが企画され、最終日には「フェアウェルイベント」もある。オプションのタクシー観光、バス観光などもあり、もちろん食事も豪華なものとなっているが、この料金設定は決してお安くはないだろう。

バスツアーの場合、例えば、東京から旅客機やフェリーを使って九州に入り、バスで移動するツアーの例だと次のような行程がある。

1日目は、羽田から大阪・伊丹に飛び、フェリーのデラックスルームで船旅。船中で1泊。2日目は、門司港から大分の「ゆふいん温泉」散策、杖立温泉に宿泊。3日目は阿蘇山観光～フェリーで島原へ。武家屋敷散策～雲仙温泉泊。4日目は、雲仙から長崎グラバー園観光、長崎平和公園観光～長崎空港から羽田に戻る。このツアーで8万円前後の価格だ。

鉄道好きな方には「ななつ星」は魅力だが、温泉でゆっくりできることを考えると、列車泊より旅館のほうがいいかもしれない。また、バスツアーのほうが、細かく回れて観光スポットに立ち寄ったり、景色を楽しめるという利点があるだろう。

無洗米

手間を省くだけじゃない、コスト面での意外なメリット

スーパーの米コーナーに並ぶ中で、気になるのが「無洗米」だ。無洗米は、果たして「お得」なのだろうか。まず、無洗米が、なぜ洗わなくてもいいとされているのかを解き明かそう。秋に収穫された稲から、脱穀されてできた「籾《もみ》」は、まず、もみすりという工程を経て、精米の工程に行く。精米にもいろいろなレベルがあるが、精米された米にも、まだ米ぬかが残っている。そのため、普通に市販されている米（精白米）は、残った「ぬか」を洗い落とすために、とぎ洗いが必要だったのだ。その手間をなくしたのが無洗米だ。精白米から、残った米ぬかを取り除いたのが「無洗米」ということだ。問題は、この無洗米が経済的に「お得」かどうか。約450グラムの米をとぎ洗いするのに4・5リットルの水を使う。年間約1640リットルで、これが節水できる。また、米ぬか分の重さが減るので、10キロで300グラムほど米の量が増える。つまり手間とコストの両面でお得なのだ。

無洗米のおどろくべき節約効果

1年間での節水効果

1日3カップ炊くとすると…
（3カップだと約4.5ℓの水を使用）

2ℓのペットボトル
約**820**本分おトク!

お米1袋でのおトク分

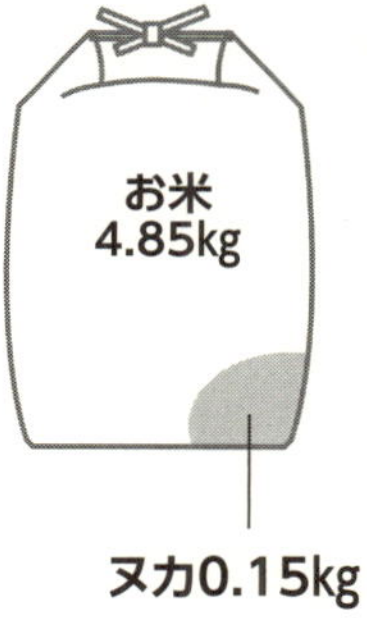

精白米5kg袋には0.15kgの
米ヌカがついているので…

5kg袋では
150g（約1カップ分）
おトク!

食べ放題

お店の利益に貢献するお客、きっちり元を取るお客の違い

飲食店の看板やチラシで「食べ放題、飲み放題」という文言を見かけると、「おや？」と思って、いくらの予算で、なにを何時間ぐらい食べ・飲み放題かな、とついチェックを入れたくなる。実際には、そんなにたくさん食べたり、飲んだりしたいわけではなくても、「～放題」という言葉が、なぜか「食欲本能」をそそるところがあるのではないだろうか。

例えば、「焼き肉食べ放題・90分・1980円」という店に、お客さんが殺到したら、店としてはあがったりではないかと心配になる。しかし、実際には、お客さんはそれほど「食べ・飲み」できなくて、一人あたりの原価は、しっかり取れている。まず、お客さんのだいたい半分が「女性客」と計算される。女性は、一般に男性客ほど食べないので、食べ放題でも店にとって利益が出る。「1980円分」をしっかり食べる客が50％以下であれば、利益は確保される。

その前に、食べ放題の焼き肉の場合、牛肉でも100グラムあたり80円程度の仕入れ値なので、もし、お客さんが肉ばかりを90分間、1キロ食べたとしても利益が出る。また、そこまで肉ばかり食べるお客さんはそんなにいない。

飲み放題の場合でも、対象はビールや酎ハイだけで、ワインや日本酒は含まれない場合が多い。ビールは炭酸が含まれているので、飲むだけで満腹感が増す。結果、食べ放題のお客さんの食欲にブレーキをかける役割を果たす。酎ハイは、水と氷で薄めて出されるので、原価が低く抑えられている。

ランチ・バイキングで「1500円、食べ放題」という飲食店も見かける。お客さん側にすれば、ランチだけでその日の食費を浮かしてしまうくらい食べれば、元が取れると考えるが、店側としても十分に利益が確保できる設定なのだ。飲食店で、最もコストがかかるのは、食材費を除けば人件費。バイキング形式でお客さんがたくさん入れば、人件費がほとんどかからない。お客さんが自分で食材を取ってくれるので、こんなに助かるシステムはない。注文を取る必要もないし。水やコーヒーを出す手間もない。すべてお客さんが自分でサービスしてくれる。利用するお客さん側としては、食材のグレードだけ要チェック、というところだろう。

「0円」ビジネス

「0円」だからこそ儲かるのは、なぜか？

お客さんがそのサービスに対して1円も支払わなくても成立するビジネスが増えている。その代表がSNS（ソーシャル・ネットワーキング・サービス）だろう。SNSの一つ「ツイッター」は、アメリカ大統領から飲食店、動物園までさまざまなメッセージを発信・受信し、宣伝にも使われているが、基本的に無料で利用できる。他の人が発信した情報から新しいことを知ることができるし、その情報を友人などに紹介することもできる。アメリカのツイッター社が最初に始めたビジネスだが、ツイッター社の収益源は「広告」だ。

ツイッターで流布《るふ》されているのはほとんどが個人の書き込みだが、そこに混じって、企業の広告が送られてくることがある。「プロモーション・アカウント」と呼ばれる有料の広告だ。このアカウントが「お気に入り」や「フォロー」に登録されると料金が発生し、ツイッター社にお金が入る。「1フォローにつき80円」くらいが広告主に対して課金されるという。

ネット上の「検索サービス」も利用者にとっては「0円」だ。テレビで「○○せっけんで検索！」とCMが流れているが、これを見た視聴者が検索しても検索エンジンを運営している会社には1円も入らない。検索の運営会社は、検索画面に出す企業広告によって収益を得ている。また、検索結果の中にも「有料広告」が出ていることが多い。この企業広告収入によって「0円ビジネス」が成立している。

家電製品や電子機器から保険、住宅リフォーム、ローンなどの価格を比べる「価格比較サイト」も利用料金は一切かからない。ネットショップなどで一番安い商品を探す時にはこれなしでは損をする、というくらいに重宝だ。価格と同時に、購入した場合に送料が発生するか、クレジット精算ができるかなどの情報も得られて、そのままネットショップにリンクされ、商品が購入できる。価格比較サイトには、比較の情報と同時に新商品などの広告もたくさん出ているので、利用者が広告をクリックすると広告料が発生し、サイトの運営会社の収益となる。利用する人は、気づかないうちに運営会社の売り上げに貢献しているのだ。

それぞれの肉を育てるために消費される莫大な穀物の量

食料自給率が低い日本は、肉や穀物の輸入が突然途絶えたら、あっという間に食料危機になってしまう。世界の人口は1950年の25億人から3倍の75億人に激増している。我々は食料、水、環境の危機の縁に立っているのだ。

中国はかつて農産物を輸出していたが、今では輸入国となっている。また、日本に入ってくる穀物はアメリカやカナダ産がほとんど。その貴重な穀物を大量に消費するのが「肉」だ。鶏肉1キロを得るためには2〜4キロの穀物が飼料として与えられる。豚肉1キロで7キロ、牛肉1キロで10キロの穀物が消費される。アフリカなどでは飢餓《きが》と貧困が深刻化しているが、欧米人は肉食で穀物を浪費しているのだ。国別の肉類供給量では、一番肉を食べているのがやはりアメリカ人で年間1人114キロ、アルゼンチンが1人110キロ。日本人は47キロと半分以下だ。地球全体の食料生産量を考えると、肉食が多すぎる国は減らしたほうがいいのかもしれない。

貴重な穀物を飼料として消費する家畜たち

**限られている地球の資源を
家畜の飼料として消費している**

鶏肉1キロのために
「2〜4キロの穀物」を
飼料として消費

豚肉1キロ＝「7キロ」
牛肉1キロ＝「10キロ」の
飼料が消費される

↓

**世界で肉をいちばん食べているのはアメリカ人
＝
年間1人で114キロ**

↓

**限られている地球の資源を
家畜の飼料として消費している**

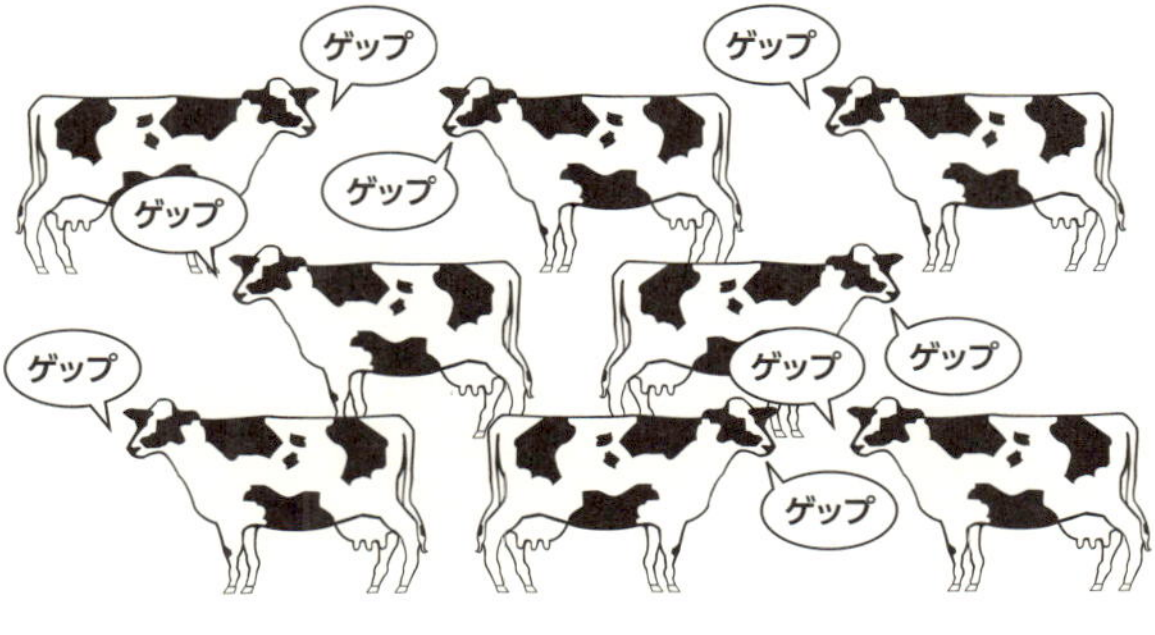

ブランド米

「魚沼産」なのに「100%」魚沼の米ではない？

世界文化遺産・和食の要となるのが「お米」であり「ご飯」だ。

ご飯がおいしくなければ、和食のよさも台無しになる。最近は、中国の富裕層が日本のブランド米を日本の国内価格の数倍という高値でも競うようにして購入しているため、今後、ブランド米の値上がりが心配されている。ブランド米は銘柄米というのが正式な呼び名で、産地、品種、産年が単一のものが「単一銘柄米」と呼ばれ、最も希少となる。なにしろ、中国人の需要が高まって「爆買い」状態になると、これまでにも日本国内でマグロが値上がりしたり、チーズが品薄になったりと余波が大きかった。

ブランド米の代表格は「コシヒカリ」だろう。最も知られているのが新潟県の「魚沼産コシヒカリ」だ。魚沼地域は、盆地になっているために冷害が少なく、温暖なことから、米の成分のでんぷんのアミロースという物質の含有率が低くなり、そのために粘り気が増して食味がよいという。

魚沼産コシヒカリの場合、新潟県の魚沼市と南魚沼市がその名称に該当するが、この2市のコシヒカリの収穫量は、年間合計約4万トン程度。それにもかかわらず、日本全国に「魚沼産コシヒカリ」が流通しているのはいかにも不思議といえる。中には、産地を偽装しているものも混じっているのではないかという疑いすらある。

この秘密は、まず、「魚沼」という地域にあった。魚沼市周辺の計5市2町、小千谷《おぢや》市、十日町市、長岡市（川口）、津南町、湯沢町が産地と指定されているのだ。しかし、この5市2町の収穫量は8万1000トンにとどまっている（2011年）。実は、この魚沼産コシヒカリが50％以上含まれていれば「魚沼産」と表示してよいことになっているのだ。もし、魚沼産が30％しか含まれていなければ、包装の表にはっきりと「魚沼産コシヒカリ30％」と大きく表示しなければならないことになっているので、見にくい小さな品質表示でごまかすことは許されない。

魚沼産コシヒカリを生産農家から直売で購入すると、5キロ・3900円前後。生産農家から直接購入した場合以外は、同じ「魚沼産コシヒカリ」でもブレンドされていることがある。それでも「魚沼産」扱いとなるのでご注意を！

ツアーバス

この値段を下回っていたら乗ってはいけない

深夜に運行するツアーバス。観光バスの違法な操業で、多くの若者が犠牲になった事故によって、観光バスの安全性や会社の経営方針、コストが注目された。

高速道路を走るツアーバスを所有してバス会社を作ることは簡単にできる。バス1台から事業が可能だ。そこからシミュレーションしてみよう。

大型バス1台の車両価格は3000～3500万円。年間の1台あたりの整備維持費は250～300万円かかる。平均燃費はリッター3～4キロ程度で、日帰りのツアーで3～4万円。毎年車検で100万円かかる。合計すると最低でも、日帰りツアー200回で約4000万円かかる計算だ。

ただし、バスを10年間使うとしたら、車両価格は単純計算で10分の1と考えることができる。その計算で1回に30人のお客さんが乗るとすると、乗客1人あたりの原価は約2000円となる。

ツアーバスの原価率をシミュレーションすると…

- 車両価格（大型バス1台）
  3000〜3500万円
- 整備維持費（年間1台あたり）
  250〜300万円
- 燃料費
  （平均燃費リッター3〜4キロとして
  日帰りツアーで）
  3〜4万円
- 車検代（毎年）
  100万円

→ 合計約**4000**万円かかる
（日帰りツアー200回として）

ただし、10年間使うとしたら、車両価格は10分の1。
その計算で1回30人のお客さんが乗ると、

乗客1人当たりの原価**2000**円

貸し切りバスの運賃は国土交通省の公示によって「上限」と「下限」が「時間制運賃」と「キロ制運賃」の2通りで決められている。時間制で、1時間あたり上限が8660円、下限が5990円とされる。

例えば、13時間、200キロ走行すると、下限額で5990円×13時間＝7万7870円、ここにキロあたり下限の120円×200キロ＝2万4000円を加え、合計10万1870円がバスチャーター料金の下限となる。この下限額を下回る契約は違反だ。乗客30人で割ると1人あたり3400円。バスの運行原価2000円を足して、約5400円。ここにツアー先での飲食コストなども旅行会社の経費として上乗せされる。

例えば、日光の日帰りバスツアーだと、「とちおとめ食べ放題」などのサービスがついて、旅行代金は8000円程度だ。乗客30名で売り上げは24万円となり、ここからバスチャーター原価を引くと約13万8000円の利益。ただし、ここから「食べ放題」コストとバスの運転手の給料、高速料金、旅行代理店の手数料、その他、保険料なども引かれる。ツアー先の土産物店、温泉旅館などとのタイアップ契約など、他の収益源がないと、厳しい現実がわかる。

コラム

ポイントと現金割引　「20％ポイント還元」と「2割引」、どっちがお得？

東京・秋葉原に代表される電器店の「割引」と家電量販店の「ポイント還元」、いったいどっちが「お得」だろうか。

電器店の中には、ポイントカードを作らずに、「何割引！」にこだわっているところも数多く見受けられる。

例えば、10万円の大型液晶テレビを購入するとしよう。電器店での「2割引」では、割引後の価格が8万円になる。2万円の得ということだ。

一方、量販店の「20％ポイント還元」はどうだろう。10万円で、2万円分のポイントがつく。どちらも2万円「お得」のように見えるが実は違う。

20％ポイント還元の場合、その場で割引されるのではなく、次の買い物でポイントを2万円分使うことができるようになる。ということは、12万円の買い物をして2万円のお得となるのだから、割引率に直すと16・67％にすぎない。

結論は、「2割引」のほうがお得、ということだ。

付録つき女性雑誌

「ブランド品」と「ブランドマークがついた品」は別物!?

雑誌や書籍の売り上げが鈍る昨今に、唯一といっていいほど元気なのが、「付録つき女性誌」だ。雑誌によっては100万部を超えたこともあるというから耳を疑いたくなる。現在の一般雑誌が置かれている状況で最も厳しいのが、広告収入の激減だ。広告は最盛時の3分の1ほどに減っている。

女性誌の「ブランド広告」も減っているのだが、付録つき女性誌は、「ブランドの広告を載せる」のではなく、「ブランド品を付録につける」というところがポイント。ブランドとタイアップ企画などを行ううちに、ブランド品のバッグやポーチなどをそのまま付録としてつけたのだ。1000円もしない雑誌に、本物のブランド品が付録としてつくのだから、ブランドに弱い女性たちは惑わされる。

ただし、この付録としてつけられるブランド品は、本当のブランドが製造するわけではなく、景品業者がブランドの許可を得て作るものだ。要するに、ブランド公認の「ブランド・マークつきの景品」という性格のものということ。

ここには、もう一つの仕掛けがある。雑誌には、紹介されているブランド・ショップで一定額の買い物をすると、「雑誌の付録」と同じデザインの特製ポーチをブランド・ショップからプレゼントされる引換券がついていたりする。雑誌の購入者にとっては、それも手に入れたい対象であり、ブランド・ショップにとっては、まったく新たな顧客が獲得できるチャンスになる。

雑誌が売れないこのご時世に、１００万部という数字は魅力だが、「売れるブランド企画」はそうそうないようだ。単なる雑誌だけではなく、バッグが付録としてついている「かさばる雑誌」が、何万部も返品されてきたら流通にも、倉庫代だけでもかさんでしまって困る。主に中国で生産される「ブランド付録」の制作にも、生産の遅れなど、いろいろなリスクが伴い、取次の手数料をどうするのかなどいろいろな問題がある新たなトレンドだ。

ブランド・バッグの付録つき雑誌につけられているブランド品は、すでに「付録」ではなく「商品」そのものになりつつある。バッグなどを付録ではなく商品として雑誌の流通に乗せ、新しいルートで販売するというのが新たな動きだ。

高価な日本酒を「原価」で出しても儲かるポイント

ずらりと並んだ日本酒、少しずつ多くの銘柄を味わうことができる、というコンセプトの居酒屋が静かなブームとなっている。地酒が100種類ほどそろえられた立ち飲み居酒屋で、入店料として2500円から3000円払えば、日本酒飲み放題といったシステムだ。とにかく、日本酒の味を楽しむことに集中するため、つまみには、サバ缶など魚の缶詰が用意されているだけというところもある。

飲み放題というと、「安い酒」ばかりが並んでいるのかというと、そうではなく、酒飲みの間で話題の「獺祭《だっさい》」や「飛露喜《ひろき》」なども飲むことができる店もある。とにかく、いろいろな日本酒を飲んでみて、自分好みの味を発見することが一番の目的となる。

日本酒の香りや味わいの成分は800種類あるといわれ、ワインの600種類より多彩だ。そのため、個人の好みにも応えるし、好みが分かれるところでもある。

そして、どんな料理とも合うということも日本酒の特徴といえる。日本酒は、どんな料理に対しても、その風味を「包み込む」包容力があるということだろう。

　日本酒というと、合うのは和食とか、焼き鳥をつまみにと考えられがちだが、そういう先入観を打破しようという居酒屋も増えている。イタリアンやフレンチ、または中華料理と日本酒を味わえる「きき酒居酒屋」も現れている。中には、カレーと日本酒というカップリングもある。

　一方、東京・新橋に現れた、日本酒を「原価」で飲むことができる店が好評だ。入館料が900円弱。日本酒はすべて1合瓶で出される。日本各地の銘酒を「原価」で飲むことができるというのだ。例えば、他の居酒屋では1合あるかないかわからないグラスで、1杯1500円前後で出されていることが多い「久保田萬寿」が、この店では1合瓶で900円弱で提供されている。普通の居酒屋の60%くらいの価格となる。日本酒が好きな人にとっては、こういう店は「理想的」だが、採算はどうだろうか。そのポイントは、この店の「特注」の1合瓶で出すこと。これで、スタッフがグラスに注ぐ手間が省略できる。反対に、お客さん自ら「ちびちび」とお猪口《ちょこ》に注ぐのを楽しむという発想だ。

和牛

「松阪牛」がスーパーの牛肉の「数十倍」もの値になるワケ

和牛がブームとなり、全国各地で地名を冠した「銘柄牛」が生まれている。銘柄牛、国産牛といっても、そのすべてが和牛とは限らないのだが、勘違いされやすい。

和牛というのは、日本原産の牛、または、それと外国種とを交配させ改良した食肉専用の家畜牛を指す。最も多いのが「黒毛和種」で、和牛の9割以上といわれる。そして、「褐毛和種」、「日本短角種」、「無角和種」の4品種となっている。この4品種と、4品種の間での交雑種だけが和牛と認められ、すべての牛に戸籍のような証明書がついて、両親の血統、生年月日などが記されている。和牛は「国産牛」の3分の1くらいで、残りの3分の2は乳用種のホルスタイン系などだ。

そして、国産牛とされる牛の中には「外国産種」も含まれている。日本で3カ月以上飼育されると「国産牛」と呼ぶことができる。しかし、あくまで「和牛」ではない。松阪牛、近江牛などよく知られる高級肉は、ほとんどが和牛の黒毛和種だ。

各生産者組合などが、銘柄牛、とくに和牛について細かい規定を設けている。

中でも松阪牛は、江戸時代から農耕用として飼われてきた黒毛和牛が、明治時代に、牛鍋やスキヤキが流行したことから食用とされるようになった。この松阪牛、かつて、1頭5000万円という値段がついたこともあるという。一般的には生きた普通の和牛は100万円程度で取引されるが、松阪牛は200万円前後で売買されることが珍しくない。

1頭で体重650～700キロだが、精肉となるのは半分以下の300～350キロ程度。骨がついた状態の枝肉市場でA4ランクの和牛で1キロあたり1700円の値がつく。骨や内臓などを除いて、実際にステーキとして食べられる状態の肉は、1頭200万円とすると単純に300キロで割れば1キロあたり6670円程度という原価になる。しかし、ここに解体費用や輸送費、人件費、切り分ける際の「ロス」などのコストを算入しなければならない。

小売店での販売価格は、人気のない部位の分を人気がある高級部位の価格を高く設定することでカバーするため、一番人気のサーロインだと100グラム＝5000円前後の価格となる。普通の和牛の2・5倍というブランド価格だ。

タオル

激安輸入ものに負けない！　日本製の品質以外の魅力とは？

タオルの生産は、日本の得意分野の一つだった。四国・愛媛県の「今治《いまばり》タオル」は、優れた吸水性、高い安全性、「柔軟剤」を使わなくてもいい柔らかい肌触りなどの品質基準によって認定されるブランドとなっている。日本に最初にタオルが入ってきたのは明治初頭の頃。大阪税関の英国からの輸入品に「浴巾《よくきん》手拭」という記述があるそうだ。当時は、その柔らかさから首巻きにも使用されたという。

今治には、江戸時代から綿織物の技術があり、明治の中頃から大正時代にかけて高品質なジャガード織りが大量生産されるようになって、現在に至るまでタオル生産では質量ともに日本一だ。年間生産額150億円という産業なのだが、問題は中国の激安品に圧迫されていること。とくに、1990年代以降、バブル崩壊のあおりもあって、輸入品急増による壊滅的打撃を受けた。

95年に輸入品の量が今治での生産量を上回り、国内のタオルの80％が中国・ベトナム製となっていった。今治ではピーク時の５分の１に生産が減少している。

それもそのはずで、生産ロット（数量）にもよるが、日本製タオルは１枚５００円の原価がかかっている。ところが、中国製は、原価５円～８円、なんと１００倍もの差があるのだ。もちろん品質的には日本製のほうが勝《まさ》っているが、日本経済の長期不況もあって、激安タオルがはびこってしまった。

中国は、綿花の産地なので、綿そのものを安価に仕入れられる。そして労働力が安い（高くなりつつあるが）。その上、経済成長の波に乗って、繊維産業の成長もはなはだしく、加えて日本の繊維技術から学んで、品質も向上させてきたのだ。

しかし、日本のタオル産業も、黙って中国製品の侵入と日本のタオルの「壊滅」を指をくわえて見ていたわけではない。逆に中国に進出してタオル工場を作り、中国の労働力を活用して日本の技術者が指導することで、よりよいタオルをより安く生産する努力も惜しんでいない。また、今治では、最初に紹介した「今治タオル」ブランド化とともに、優れた今治タオル生産技術者に「タオルマイスター」、タオル検品技術者に「タオルソムリエ」の称号を与え、今後も「品質の高さ」で勝負するという。原価を下げる努力をしつつ品質向上を目指すというからぜひ応援したい。

墓地

定番の墓から屋内、樹木葬まで……いまどきの相場

最近、テレビで目につくのがお墓のコマーシャル。生前にしっかり準備しておきましょう、という「終活《しゅうかつ》」という言葉もよく耳にする。葬式、墓地など、残された人に突然、その費用が降りかかるとちょっと大変。だから、きちんと用意しておければそれに越したことはない。

例えば、東京の場合だと、従来型の屋外の墓地を購入すると２００万円～３００万円はかかる。それに対して、屋内の墓地、つまり「ロッカー形式」などの場合は、80万円～１５０万円とかなり価格が下がる。

価格の違いばかりでなく、屋外の場合は手入れなどが定期的に必要になり、また、立地が都心からはかなり離れるケースが多い。屋内なら、手入れがほとんど必要なく、立地も都心の一等地にあっても価格的にさほど高くない。もう一つ、屋内だといざ、お参りしようという時に、天候を気にする必要がないということもある。

最近、話題に上るのが「樹木葬」。大きく分けて人工の林の合間に、墓石の代わりの樹木を墓碑とする「単独葬」型と、遺骨を「合葬」、または「合祀《ごうし》」するというやり方の3通りあり、価格は30万円から70万円と幅がある。

樹木葬には、「サクラの木」の下に葬るという「桜葬」と呼ばれるちょっと洒落たものもある。花見が好きだった故人にはぴったりだろう。

価格の一例を挙げると、単独葬の樹木葬では、草花を周囲に植えられる「ガーデニング」ができるタイプで50万円（埋葬時10万円プラス）。年間管理料が1万円、といったものがある。初年度にかかる費用は61万円となる。

もう少しコンパクトな樹木葬の場合、「1区画80センチ」のスペースで、ガーデニングなどはできない。この場合、使用料30万円程度、年間管理料5000円程度、埋葬時10万円で、初年度には40万円ちょっと。

合葬の樹木葬の場合は、使用料18万円と格安。埋葬料、永代管理料もここに含まれている。合葬でも、埋葬された位置に「プレート」を設置することができる場合もある。まったく自分の区画を持たない合祀型なら10万円からだ。とにかく「土に還りたい」という場合には、これも一つの選択肢だろう。

同人誌

あるジャンルだけは、個人の趣味が「儲けの宝庫」に変わる

一般に「同人誌」は、「同好の士」が集まって、仲間内で細々と詩集や歌集、文集などを作るというイメージが強い。つまり、利益度外視の集まり、というものではないだろうか。しかし、今、話題となっている同人誌とは、主にアニメやゲームに関連する「二次創作」または、「二次作品」と呼ばれるパロディー、小説などの「自主制作物」、「自費出版物」などを指すことが多い。要するに、原作の人気マンガやアニメの主人公など登場人物や、ストーリーの設定を「二次的」に使って、自分なりのストーリー展開の別の作品に作り上げるのだ。

同人誌の販売を目的とする「マーケット」、「フェア」が毎年、大きな会場で開催され、そこに数十万人のマンガやアニメ、ゲームのファンが集まることで、ニュースでもたびたび取り上げられる。そのたびにマンガやアニメのキャラクター（登場人物）の姿、コスチュームを自作してまねる「コスチューム・プレイ（コスプレ）」

の様子が報じられるが、実は、「二次創作」の印刷物などのほうが大変な利益を上げたりして、一部では問題になっているのだ。

例えば、大ヒットしたアニメ作品の登場人物を利用して、自分なりの別のストーリーを作り、「アニメ・パロディー（アニパロ）」の自費出版物を作るとしよう。B5サイズ、表紙は1ページ目と4ページ目（裏表紙）がフルカラー（モノクロでは展示した時に目立たないので）、40ページ、300部で、約7万円程度で印刷できる。これは、原稿がすべて完全データで、オンライン入稿した場合だ。販売するイベント会場までの送料も込みとなる。

この場合、印刷代＋送料の原価は1冊233円。自分1人で制作した制作費は含まない。同人誌はあくまで趣味の世界だからだ。これを販売イベントで1冊500円で売ると、売り上げはなんと15万円。8万円の利益が出る。実は、同人誌で、1000部、2000部を売り上げる出版物も珍しくない。部数が増えれば単価が下がるので、1日で数十万円の純益も不可能ではない。当然、気になるのが「著作権」に抵触しないかということだが、今のところ、「趣味の世界」である限り、訴訟となることはなさそうだ。

価格比較サイト

極めて便利！ のウラ側にある「落とし穴」

ネット上には便利な「無料サイト」がたくさんあるが、「価格比較サイト」は、その中でもトップ5に入るくらい便利なサイトだ。「0円ビジネス」でも紹介したので詳細は省略するが、ちょっと大きめの支出をするときに「安い店」が瞬時にわかるのは至便だ。例えば、液晶テレビなどの家電製品。どこが一番安く売っているのかメーカー名や「型番」を入力すればすぐにわかる。

このサイトのいいところは、「安い店」がわかると同時に、いい意味での「値下げ競争」になっているということだ。商品によっては、日に日に、一番安い店が変わっていることもある。毎日、値が下がることもあれば、逆に、なぜか値段が上がっていくこともある。

では、その日に一番安い店で購入するのがいいのかというと、そう単純ではない。購入を決定する前に、いくつかのチェックポイントがある。

第一のチェックポイントは、「送料」だ。送料がかかる店と、送料無料の店、何千円以上は無料、というパターンがある。価格で最安値の店であっても、例えば送料が2000円などかかれば、最安値ではなくなることがある。

次に大切なポイントは、その店が「信頼できるかどうか」ということだ。以前、パソコン関連の「最安値店」企業が自己破産したことがあり、商品を受け取ることができない被害者がたくさん出た。商品を受け取ってから支払う「代金引換」や「銀行引き落とし」をストップすることもできるクレジット・カード払いであれば、お金を先に払って損をするということはないが、クレジット・カードOKの店は安値の店では少ない。店の信頼度は、「ショップ評価」の項目や購入者のコメント、口コミなどによってわかる。

意外にトラブルになるのが「納期」だ。店ごとに「在庫有り」とか「～3営業日」で発送などと表示されているが、「在庫有り」でクレジット注文をした後に、「発送まで20日かかります」というメールが届くことがある。急遽必要な品物だったら20日は待てない。面倒だが、クレジット払いの取り消しをして、別の購入先を探さなければならない。ネットは便利だが、情報の信頼度には注意が必要なのだ。

3章

ホントはいくらの価値がある？
定番商品&サービスの意外な原価

イタリアン・レストラン

普通の飲食店よりも儲けが出にくいウラ事情

イタリアン・レストランは、高級店は別として、単品は1300円〜1500円程度からメニューが設定されている。前菜、メインの魚か肉、パスタかピザなどをそれぞれ単品で注文すると、トータルで4000円から5000円前後になる。

この価格設定は、月に2、3度、ぜいたくしようというカップルや、彼女にいいところを見せたいサラリーマン諸氏にとって、2人前の食事コストと考えれば5000円台なら常識的な額だろう。

ところが、イタリアン・レストランの料理は、原価率が高く、料理だけでは利益を確保することがむずかしい。普通の飲食店より、魚にしても肉にしてもそれなりの素材を用意しようと思うとどうしてもコストが上がるからだ。

多くの店は、汚されると替えなければならない布のテーブルクロスをやめて、ビニールクロスにしたり、紙の「テーブルナプキン」にしている。または、それさえも省略したりと、相当コストカットに努めていることがわかる。かつては、どこでもテーブルに小さなアロマキャンドルを置いたりしていたが、それも昨今はカットされ、見かけなくなった。

しかし、コストカットだけでは限界がある。そこで、店がお客さんにお勧めしたいのが「ワイン」だ。ワインを注文すると、店のスタッフの顔が明るくなる感じがするほど歓迎される。

ワインも、グラス、デキャンタ、ボトルと用意されているが、店としてはボトルワインを1本注文してもらうことが最も採算性が高い。グラスワインを何杯もお代わりされると、その都度スタッフが対応しなければならないが、ボトルなら1回出せばそれでOKとなる。加えて、市販価格1本1500円程度のワインは、仕入れ値で600円~800円くらいなので、そのボトルを3000円で出すことで、ようやくトータルの原価率が30%くらいに抑えられるのだ。

お客さんとしては、店の雰囲気を楽しむために来ているので、ボトルワインが市販価格の2倍であっても気にはならない。とにかく料理が一定のクオリティであれば、その店のリピーターとなる。

激安ラーメン

とってもお得なメニューと、実はそうでもないメニュー

激安ラーメン店が増えている。「中華そば」という商品名の「しょうゆラーメン」が400円弱という大手のチェーン店もあるが、もっと安い店がどんどん出てきている。東京・銀座にありながら「ラーメン＝300円」という店があれば、ラーメン店激戦区でもある新宿で「ラーメン＝280円」という店もある。銀座の店は、ラーメン・メニューが中心の店で、300円ラーメンでもしっかりしたものを提供している。

いずれにしても、この激安ラーメンは、「集客のための看板」で、実のところ、「激安ラーメン」だけを、すべてのお客さんが注文したら店としては採算が合わない。激安ラーメンだけではなく、別のメニュー、チャーハンやギョウザも注文してもらわないと店としては儲からないのだ。

その表れとして、ワンランク上の「みそラーメン」は、激安ラーメン店でもまず

間違いなく500円程度以上の価格になっている。チャーシューメン、タンメンなども600円前後の価格で、店としては、できればこれらのメニューとギョウザを追加注文してほしいということがありありとわかる。

東京の一般のラーメン専門店では、通常、しょうゆラーメンでも700円以下というところは少ない。お客さんは、激安ラーメン屋の400円以下という価格につられて店に入るが、実際には、メニューを見ているうちに、500円台の味噌ラーメンにしよう、と気が変わるのだろう。店の狙いはそこだ！　お客さんは、ついでに、ラーメン本体が他の店よりも安いからという理由で、おまけにギョウザを追加する。ギョウザの原価率はラーメンよりはるかに低い。5個か6個で300円から400円の価格のギョウザの原価は80円程度だ。しかも、チェーン店の場合、工場で大量生産された「チルド」か「冷凍」のギョウザを、単に加熱するだけなので、手間もかからず、売れ残りのロス率も極めて低く抑えられる。ギョウザは値段の割に扱いやすく、利益率が高い「優等生」なのだ。

激安ラーメン店の「激安価格」を今後も維持してもらうためには、サイドメニューをどんどん注文することがお客としての心得かもしれない。

「そば」と名乗っているだけの商品にご用心

立ち食いそばや駅構内の「駅そば」は、日々、時間に追われているサラリーマンにとって強い味方だ。１杯２５０円前後でとりあえず腹いっぱい食べることができるし、なにしろ「早い・安い・うまい」が助かる。

普通のかけそばの原価は、そばが30円～35円、ダシが15円程度。１杯の原価はもろもろ入れて60円ほど。かけそばの価格は２５０円程度で、原価率は25％くらいだが、実のところ、立地がよくないとお客さんが入らない立ち食いそば屋としては、家賃にコストがかかるため、その他の経費を算入すると、かけそばだけがいくら出てもあまり利益が上がらない。

激安ラーメン店が、「激安ラーメン」だけを注文されると、さっぱり利益が確保できないという話があったが、これは、立ち食いそば屋でも同じだ。かけそばだけをすべてのお客さんが注文すると、そんな客で１日中満員になっても店はあがったりだ。おにぎりや、いなり寿司、トッピングのてんぷら、ちくわ揚げ、ゆで卵などのサイドメニューを注文してもらわないと困る。

立ち食いそばには、もう一つ「秘密」がある。それは、そばとうどんの値段のカラクリだ。たいていの立ち食いそば店では、そばとうどんがメニューにあって、何を乗せてもだいたい同じ値段に設定されている。ところが、実際には、そばのほうがはるかに原料費が高く、うどんと同じ価格にしているほうが不思議なのだ。

そばは、そば粉と小麦粉を混ぜてこねて作られる。そば粉だけでは、「ポロポロ」になってしまうので、つなぎとして小麦粉を入れる。一般的に「小麦粉2割・そば粉8割」の「二八そば」が標準とされる。そば粉の原料費が高いので、そば粉の割合を減らし、小麦粉の量を増やせば原価が安くなる。

そんなわけで、立ち食いそばの店は、そば粉の割合を非常に低くしているところが多いという。実は、JAS法では、本来はそば粉が30%以上入っていなければ「そば」と名乗ってはならないとしているのだが、この規定は、外食のそば、つまり立ち食いそばには適用されない。そば粉の割合を2割弱にした麺を使っているところが多く、それでようやくうどんと同じ値段にできるのだ。

「豪華夕食」をギリギリで演出する仕入れの工夫

観光地の旅館で、1泊2食付き・1万5000円といったクラスでも、意外に豪華な夕食が出されることがある。旅館経営側としては、かなり食材の仕入れに工夫したり、人件費などのコストダウンに努めているようだ。

このクラスの旅館は、人件費に30%くらいは回されている。仲居さんがフロントでの受付・接客から配膳、ルームサービス、営業、予約までをこなすという八面六臂《はちめんろっぴ》の働きをしても、そのくらいはかかるのだ。他に、宿泊設備の減価償却費、光熱水費などの経費がトータルで宿泊料の40%くらいを占めているので、残るのは30%。ここから利益を10~15%差し引くと、料理に回せる原価は15~20%程度となる。夕食と朝食を合わせて2000円~3000円の予算ということだ。

この食材費で「豪華な海の幸・山の幸」を並べるのは簡単ではないことがわかるだろう。旅館側が一番知恵を絞るのがこの料理の原価だ。

メインの料理を魚料理とすると、「刺身と焼き物」で600円～800円で作らなければならない。海が近い場合は、サザエ、タイなどを地元価格で仕入れる。「煮物、揚げ物、茶碗蒸し」は計400円～500円程度に収める。

品数を増やすために、「小鉢」か「懐石」風のものをいくつかつける。もずく、わさび漬け、蕗の煮物、山菜など、量的にはわずかずつでも、彩りになって盛りだくさんに見える。これらは、自家製にして300円～400円以内に収める。

視覚的な効果が大きいのが、「鍋物」など固形燃料を使う料理だ。タラ鍋、石狩鍋、すき焼き、しゃぶしゃぶなどが食卓を派手に演出する。石焼きやジンギスカン風などもお客さんに豪華なイメージを与える。野菜を多めにして量を増やせば300円～400円前後ですむ。

あとは、100円～150円前後の予算で「味噌汁とお新香」、「デザート」などを加える。味噌汁の具などは、地元産のしじみ、アサリ、わかめなどを使い、お新香も、地元農家などと提携して割安で仕入れる。これで、夕食は1700円～2300円程度で抑えることができる。朝食は、焼き鮭、味噌汁、玉子焼き、納豆程度の軽いもので原価300円以内にすればギリギリで予算内に収まる。

寿司屋の値段

「本日のおすすめ」。お得なのはお客、それとも大将？

握り寿司は、ユネスコの無形文化遺産に登録された「和食」の一つのシンボルだろう。ご飯と魚だけで演出される握り寿司は、それ以上、省略するところがない「食の芸術」の域に達している。寿司屋のカウンターで、次々と寿司を注文する姿は、江戸っ子の「粋《いき》」を感じさせて格好がいいものだが、寿司の初心者は、寿司屋のお品書き（メニュー）にあるセットメニューを注文するのが無難だ。

たいてい「松、竹、梅」など3段階くらいのセットが用意されていて、その値段が、店頭に表示されていれば、その寿司屋の価格設定がだいたいわかる。「松」とか「特上」が3000円を超えているようだと、かなり高級志向の店といえるだろう。

寿司屋で、その店に初めて入った、というお客さんが犯しがちなのが、「時価」と表示されている寿司ネタをうっかり注文してしまうことだ。「本日のおすすめ」という寿司ネタで、値段が表示されていないものは、たいてい価格が高い。

普通のレストランだと「本日のおすすめ」は、お客さんにとって「お得」なメニューである場合が多いが、寿司屋の場合は逆のことがある。「おすすめ」というのは、「珍しいネタ」、「ふだんよりいいネタ」であることが多いからだ。

実は、寿司職人でも、他店に行って「時価」のものを頼むと、いったいいくらになるかわからないという。なぜなら、「おすすめネタ」は、その店の板前さんが、「気合い」を入れて仕入れてきたものだから、普通より「高い」ことが多いのだ。

江戸時代には、「初がつおは女房を質に入れても食え」などといわれたが、「値段が高い」ことは、昔気質《かたぎ》の板前さんにとっては「ステイタス」なのだ。そこで、板前さんは、「いいネタ」が入ると「少し高め」の価格をつけている。常連客は、たいてい、「大将、今日はいいネタ入った？」などと聞くので、板前さんは、ここぞとばかりに「高いネタ」を提供する。そんなわけで、常連客は、初めてのお客さんより高いものを中心に食べていることが多い。そのため、たとえ「いいネタ」がなくても、常連客の「お会計」は、高めになっていることが多いという。

その店に慣れていないお客さんは、「コハダ」、「玉子焼き」あたりの値段が表示されているものから食べて、「時価」には手を出さないほうが安全だ。

花屋

すぐダメになる商品の「ロス率」をカバーするためのアイデア

花屋は、店頭にたくさんの花や観葉植物を並べていないと、お客さんが立ち寄ってくれない。通りすがりの人が、「おや？　きれいな花があるね」と、思わず立ち止まるくらいの大量の花をそろえなければならないので、廃棄される花や植物がかなり出る。「ロス率」が高いのだ。

そのため、市場での仕入れ値の3倍から7倍の価格をつけている。もし、ほとんど売り切ることができれば、利益率は50％以上といわれる。しかし、売れ残りを廃棄した場合、仕入れた分の30％以上がロスとなることを計算して価格を決める。

花の卸売価格と、販売価格の例は次のようなものだ。カーネーション＝卸売価格44円→販売価格150円（以下同様）。バラ＝64円→200円。菊＝52円→150円。ユリ＝148円→350円。ブーケ＝500円→3000円。

花は、盛りの状態の時だけに価値がある。少しでもしおれてきたら商品価値はどんどん落ちる。そのため、市場でつけられる価格から、ディスカウントされた価格まで、さまざまなものが出回っている。スーパーや100円ショップで売られている花や植物は、かなり、ディスカウントされたものと考えたほうがいいだろう。花屋で買ってきたものより、はるかに早くしおれてしまうのはやむを得ない。

花屋は、そういったショップとは違ったサービスとして、無料でのラッピング、リボンつけなどを行っている。民間資格だが「ラッピング・コーディネーター」という資格もあって、さまざまなサービスを付加することで花屋としての存在意義を主張しているのだ。

切り花は、ちょっとした知識で、長持ちさせることができる。例えば、切り花の不要な「茎」の部分を切るときには、「ポッキリ」と折れるものはハサミで切るのではなく、水の中で手で折り取るほうが「水揚げ」がよくなって、断然、長持ちする。そういった知識のアドバイスも、花屋でなければ得られない情報といえるだろう。

こうした「ミニ知識」を知っているかどうかで、切り花の見栄えも寿命もずいぶん変わる。「知識のサービス」という、見えない努力も、花に上乗せされるコストの一部ということだ。

駐車台数の法則で「年間売り上げ」が導き出せる

スーパー業界では、店の年間売り上げを駐車場のスペースから割り出せるとしている。どういう計算かというと、「駐車台数×1000万円＝その店の年間売り上げ」に匹敵する、というもの。ただ、クルマ1台で来店したお客さんが年間1000万円もの買い物をするということではない。駐車スペースが1台分広いことで、お客さんの「リピーターが10人増える」という計算なのだ。駐車場を広くとるということは、顧客がやってくる半径を数キロぶん拡大することにつながるという。

この計算は、1人（1家族）のお客さんがひと月にいくらの買い物をするか逆算するとわかりやすい。「1000万円÷10人÷12カ月＝8・3万円」。面白いことに、この8・3万円という金額は政府の家計調査での「平均的家庭の1カ月の食費」に近い。お客さんは、スーパーにクルマでくれば、食料品以外のものも大量購入するので、スーパー一カ所でこの金額を消費することは充分ありうるだろう。

駐車場を観るとスーパーの売り上げがわかる?

スーパー駐車台数の法則

駐車台数×1000万円
＝その店の年間売り上げ

● クルマの「スペース1台」あたり
「10人のリピート客」がいる

● 平均的家庭の1カ月の食費「8.3万円」

→1000万円÷10人÷12カ月＝約8.3万円

商店街の福引き

「ハワイ旅行」。ペアはあっても家族全員は許されないワケ

商店街やショッピングセンターで年に何度か開催される「福引き」を楽しみにしている人は多い。集客のために行うので、主催者はできるだけ目玉景品は派手にしたい。しかし、この賞品には「景品表示法（不当景品及び不当表示防止法）」で制約があるのだ。商店街のように「複数の事業者が参加して行う懸賞」は「共同懸賞」と呼ばれ、最高額は30万円までと決まっている。「家族全員でハワイ旅行」が当たる、というのはちょっとむずかしそうだ。

そして、「景品の総額」も懸賞によって得られる見込みの売り上げ予定総額の「3％」以下でなければならない。つまり、30万円の最高額の景品を出すためには、「最低1000万円」の売り上げがなければならない。加えて、「共同懸賞」は、年に3回までとされ、年間通算して70日の期間内と限られている。商店街にどれほど予算とやる気があっても、「福引き」を毎月のように開催することはできないのだ。

商店街の福引きの意外なルール

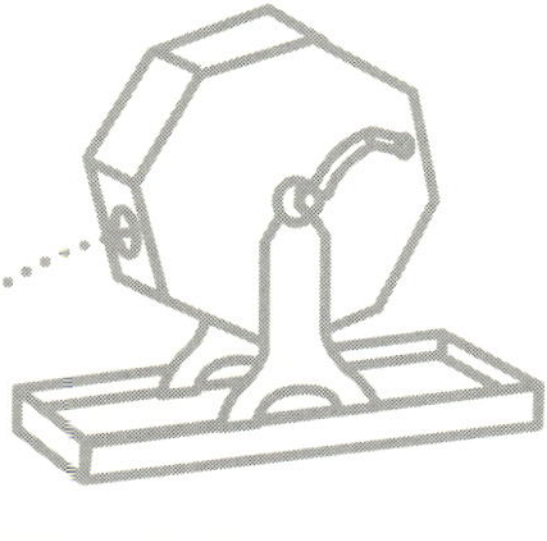

- 商店街の「福引き」は「景品最高額30万円」まで
- 商店街の「福引き」は「共同懸賞」景品表示法で制約がある
- 「福引き期間」の売り上げの「3%以内」。30万円の景品を出すには、1000万円の売り上げが必要
- 回数も日数にも制限がある。「年間に3回まで」「年間通算70日まで」

納豆

「3個パック100円」。値段は同じでも実は変わったある部分

納豆といえば、茨城県というイメージが強いが、納豆の発祥地は秋田県仙北郡美《せんぼくぐんみ》郷町《さとちょう》ともいわれ、この地に「発祥の地」の記念碑がある。東北地方は納豆の消費量が多く、冬期に野菜不足を納豆で補ったためともいわれる。納豆の1年間の消費金額では茨城県水戸市が1位（20・6パック、2014円）だが、消費量ではわずかな差だが宮城県仙台市が1位を獲得している（20・7パック、1840円。2014年）。納豆の消費量は年々増えている。農林水産省のデータでは1975年と比較して2010年には4倍に増えているというのだ。これは、「和食ブーム」、「健康志向」の影響だろう。テレビのワイドショーなどで、「納豆の効能」が放送されると、午後にはスーパーで売り切れるという現象も起こった。

しかし、納豆の原料である大豆は約93％が輸入に頼り、そのうち約65％がアメリカ産だ。輸入大豆の価格は60キロ＝2400円（1キロ＝40円）ほど。納豆に使わ

れる大豆は25グラムほどで、これを加工すると40〜50グラムの納豆ができる。つまり、納豆の原材料費は、大豆だけを見ると1パック1円程度となる。

ここに、大豆を加熱加工し、納豆菌を加えて発酵させ、調味料、たれとマスタード、容器費、包装工程などの手間が加わって、「3個パック100円程度か、それ以下」という店頭販売価格になる。

店頭でよく注意して見ると、3個パックにもいろいろあることが注目される。以前は、納豆の3個パックというと1パック＝50グラムが通常だったが、現在は、1パック＝40グラムのものが目につく。つまり、20％減量しているということだ。

これは、2008年のリーマン・ショックの後に原油価格が上がって、「プラスチック製品」が軒並み値上がりした名残だ。納豆のパックは、石油を原料としているために、3個パックも当時、値上げするか中身を減量するほかなかった。

現在は、原油価格も下がって、納豆1パックの中身を元の50グラムに戻してもいいくらいだが、おそらく生産ラインを改変するとよけいなコストがかかるのだろう。そういう事情で、「3個100円」の納豆パックを「50円」で「特売」することも十分可能になる。「安い特売納豆」でも安心して買っていいわけだ。

地鶏

こんな鶏まで、「地鶏」と名乗ることが許される

焼き鳥屋にしても、居酒屋にしても、「地鶏焼き鳥」を出しているという看板や「のぼり」に、飲んべえは弱い。地鶏というのは、どんな鶏なのか、よくわかっていなくても、そのネーミングにつられて入ってしまう。

地鶏のイメージはというと、健康的な環境でのびのび育って、肉がおいしくて食べ応えがある鶏、というくらいの認識しかない。要するに、養鶏場の狭いケージで飼われた鶏ではなく、たくましく育った鶏、というところだろう。

地鶏には規格がある。「地鶏肉の農林水産規格」で細かく定められているのだ。それによると、まず日本の在来種であること。その定義は、明治時代までに日本で定着した鶏が両親か、親のどちらかであること。また、飼い方も狭いケージではなく、鶏舎内か屋外で床面か地面を自由に運動できる飼い方（平飼い）、または、放し飼い（屋外飼育）をしていること、80日間以上飼育していること、1平方メートルあたり

10羽以下で飼育していること、などの条件をクリアしなければならない。

ブロイラーは大量飼育で40日で成鶏になるため、原価が1羽500円程度。これに対して、地鶏は80日以上飼育するため年3回しか出荷できず、原価は当然、数倍以上になる。名古屋コーチン生鮮解体品1羽で約4000円という商品がある。

日本3大地鶏と称されるのが、比内《ひない》地鶏、薩摩地鶏、名古屋コーチンだが、ほかにも数多くの銘柄鶏が認められている。会津地鶏、土佐地鶏、対馬地鶏、佐渡ひげなどなど全国各地で飼育されている。

地鶏と銘打っていれば、多少割高でも味わってみようという気になる。ただし、地鶏や銘柄鶏であれば、必ずブロイラーより格上の鶏肉なのかというと必ずしもそうでもないようだ。注意が必要なのは、農水省の規格は、「『地鶏肉』特定JASマーク」をつける際の条件で、このJASマークにこだわらなければ、「～地鶏」と名乗ることができてしまうということ。

外来種との交配種でも、平飼いをして運動をさせ、栄養価の高いエサを工夫すれば地鶏と見分けがつかない鶏に生育させられるともいう。実際、2007年には、比内地鶏の肉と偽装して、普通の鶏肉を販売していた事件も起こっている。

靴下

価格を抑え、安定した売り上げを確保できる秘密

ブランド衣料品の多くは「OEM供給」によってその多くが作られる。ブランドは商品についてデザインや材質などの指示を行うだけで、メーカーが委託を受けて製造している。中でも、靴下は、そのほとんどが委託生産されている。その理由は、靴下の製造工程と機材が非常に特殊なものだからだ。

工程は、商品の用途、目的に合わせて糸を選択するところから始まる。木綿、ナイロン、ゴム素材など、製品の使い途によって繊維もさまざま。工場では、コンピューター制御でプログラムされた機械（編み機）でメーカーの指示通りに靴下を編んでいく。

そして、編み上がった何十足分もの靴下がつながった状態の「チューブ状」の生地を1足分ずつ切り離し、爪先からかかとまでを足の形に縫製し、プレス成型する。スポーツブランドなどの1足1000円を超える靴下も、5足800円程度の安売

りの靴下も、基本的には、同じ製造方法だ。靴下製造は、機械の構造が特殊なことに加えて、その機械を操る職人の熟練さを必要とする工程も多い。衣料品メーカーが自社では靴下を製造しない理由はこのあたりにある。

製造業者の多くは、下町の「家内制手工業」のような中小企業だ。手間と熟練が必要とされるわりには靴下1足ずつの単価はさほど高くもできない。しかも受注生産なので、需要が安定しないという。また、ブランドは一括で大量生産するために、「受注トラブル」が生じると、工場側が、「返品」や在庫を大量に抱えることもあるという。そのため、靴下製造工場は、中小の靴下ショップなどとタイアップして安定した売り上げを確保している。

東京・原宿、あるいは渋谷あたりのファッションビルで靴下専門の店を見かけるが、工場とタイアップすることで、ブランド品とはまったく違ったセンスの、カラフルでデザイン性の高い靴下をオリジナルで作って売っている。他にはないオリジナリティで若者たちに好評だ。「消臭機能」や「快適保温機能」を付加したりしても、商品が工場からの直接買い付けなので、デザインや品質、機能性がいいわりには、価格も抑えられていて人気なのだ。

照明器具

白熱灯、蛍光灯をLEDに換えると、結局どのくらいお得なのか

電力消費を減らす意味でも、コストカットの意味でも、いろいろな場面で節電が叫ばれる。家庭でも職場でも不要な電力消費は、一般市民としては減らしたほうがいいに決まっている。人がいない部屋の電気を消す、なんて今や当たり前のこと。

今よりさらに電力消費を減らすには「LED」の照明を使うほうがいい、とはわかっていても、昔ながらの白熱灯＝電球や蛍光灯を使っていると、それらをLEDにどのタイミングで換えたらいいのか迷うところ。

蛍光灯は、電気代が白熱灯の3分の1から4分の1で、照明としての寿命も蛍光灯のほうが6倍長い。それなのに白熱灯が、例えば、トイレの照明や風呂場、洗面台、玄関などの照明に使われているのは、白熱灯が「瞬時にフル点灯」して、また、オン・オフを頻繁にすることに向いているからだ。

蛍光灯は、フル点灯するまでに少し時間がかかる上に、オン・オフを頻繁にすると、

余計な電力を消費するといわれる。白熱灯は、「パッ」と点灯して、必要がなくなればすぐに消してかまわない。しかし、消費電力で比較すると、100Wの白熱灯は、約16WのLEDで置き換えられるという。約84%の節電になるというからLEDの経済性にはかなわない。白熱灯は、その「ソケット」にそのままLEDの照明が使えるので、今日からでも交換することができる。

蛍光灯とLED照明を比較した場合も、その差は明らかだ。倉庫や工場のような大きなスペースだと、100灯の蛍光灯（40W）を、同じ明るさのLED（16W）に換えると、1日10時間点灯×300日で約13万7000円の電気料金の差が生まれる。そう聞くと、LEDに換えるほかないように思える。

日本政府は、2020年をめどに、白熱灯と蛍光灯の製造と輸入を禁止する方針を打ち出している。「省エネ対策の一環」だというが、あと数年で、白熱灯と蛍光灯が、ある意味で「違法な照明」になってしまうというのだ。もちろん、すでに使われている照明を、2020年からすべてLEDに換えねばならない、という話にはならないと思われるが、ほんのりと灯る、白熱灯の暖かみが見られなくなるとしたら、少しさびしい気もする。

学生服

値段はお父さんのスーツの2倍以上！ その最大の原因は？

アパレル製品、衣料品がどんどん低価格になっていくこのご時世に、中学、高校の学生服が、飛び抜けて「高い」という声が新入学の時期になると、主に子どもたちの保護者から聞こえてくる。

公立中学、公立高校の制服は、上着（昔ながらの学生服やブレザー、ネクタイ）、シャツ、ズボン、またはスカートのセットで、3万円から4万円する。この1万円の差は、「混紡」か「ウール100％」かという素材の差だそうだ。

保護者の切実な声としては、とくに、中学は義務教育なのだから、市場価格に比べて高い衣料品を強制的に購入しなければならないのは疑問ということ。今時、お父さんたちのスーツが1万円台なのに、「なぜ？」と思うのも当然だろう。

学生服が高い理由は、おとなのスーツが海外で大量生産されているのに対して、子どもの学生服は、ほとんどが国内の工場で生産されていることにあるようだ。

学生服は、学校から学校指定業者に発注されて、そのほとんどが国内の特定の工場で生産される。海外で生産する体制を作れば、お父さんのスーツ並みの低価格で作ることができるだろうが、「入学までに納品できないことは許されないから、国内の工場に発注するほかない」という業者の声もある。

裏返していうと、「学校指定業者と、入学式までに確実に生産できる工場がガッチリ手を組んでいる」ために、格安で生産できる他の業者が新たに入り込む余地がない、ということのようだ。

もう一つの要因は、とくに中学の学生服は、一人ひとり採寸して製造するイージーオーダーで、標準的なサイズの子どもとサイズが異なる子どもにもフィットする学生服を作らなければならない、という手間がかかること。指定業者は、定期的に学校を訪ね、放課後や昼休みに新しい注文を受けたり、サイズ直しのサービスを行なうという。確かに、中学時代には、身長もどんどん伸びるし、体格も大きく変化するので、アフターサービスが必要なのだろう。

つまり、学生服は、大量生産、大量仕入れができる商品ではないということと、子どもの成長期であることが、高い価格の最大の原因ということだ。

ガソリンスタンド

原油価格が下がってもGSの利幅が増えない悲しい事情

日本全国でガソリンスタンド（GS）が減少して、いろいろな影響が広がっている。ガソリンスタンドが1軒もない自治体も現れたという。高速道路でも、100キロ以上の区間、給油できないというところもあるそうだからゆゆしき問題だ。

最大の理由は、ガソリンの需要が減ったためという。GSの数は、1995年に全国で約6万カ所。それをピークとして減少し続けている。2014年度末には3万4000カ所となり、20年で半分近くになってしまった。

自動車が減っているとは思えないのにGSのニーズがなくなる一因には、車の燃費が向上したことがある。ガソリン販売量全体が減っているのだ。この10年で13％減ったというから深刻だ。その一方で、GSの競争は激化しているようで、2015年末には、愛知県で「原価割れで販売した」としてGSのチェーンが警告を受けた。不当に安く売ることは、独占禁止法違反になる。全国平均が1リットルあたり、

130円程度だったのに、新たに開店したGSが1リットル87円で販売していた。

GS減少のもう一つの要因は、老朽化した「地下タンクの設備更新」のコスト。2010年に消防法が改正されて、GSの地下のガソリンや灯油の保管タンクの規制が強化された。

埋設後40～50年を超えたタンクは、油漏れを防ぐために、内面をFRP（繊維強化プラスチック）で加工するなどの対策を行わなければならなくなった。ところが、ただでさえ経営が厳しいGSにとって、そのコストはとても負担できない。そのために、廃業するGSが急増した。

原油は価格が乱高下しているが、1バレル＝約160リットルが50ドルとして計算すると、約5500円、1リットル＝約35円。タンカーで日本に運び、原油関税と石油税を足すと70円。GSの利益が15円で85円。ここにガソリン税53・8円で約139円、プラス、タンクローリーによる運搬代がかかることになる。この金額は、製油所からGSまでの距離による。原油価格が一時期低下しても、種々の税金やコストは変わらないので、GSの利幅は増えない仕組みなのだ。そのため、GSが次々に廃業するという現状になっている。

マンション売却

「求む！　チラシ」のマンション価格は「おとり」が8割？

分譲マンション住まいだと、よく郵便受けに、「このマンションの物件を買いたいお客様がいます」という売却のお誘いチラシが入っている。売却するつもりがなくても、「いくらで売れるのかな」と気になる。このチラシは業者間で「求む！　チラシ」と呼ばれるが、実は落とし穴がある。「買い取り価格」が書かれていることがあるが、それが「おとり」だという。過去に営業担当者が最も高く買った例が書かれているだけで、当該の物件の価格ではないのだ。中古物件の価格は、コロコロ変わる。もし売却する予定があれば、複数の業者に価格を打診するべきだ。中古物件でも「ニーズ」があれば、新築より価格が上がることもある。不動産流通機構が運用している「レインズ」という不動産情報システムがあるが一般の人は見ることができない。そこには実際の取引価格が掲載され、業者が「査定価格」の参考にしている。一般では、不動産情報サイトの「売り出し価格」が参考になる。

「求む！　チラシ」の意外な落とし穴

求ム!
売却マンション
3LDKタイプ70〜80㎡
● 5000万円で探している方がいます!
○○区にお住まいのお客様が○○区にて
マンションを探しています（予算5000万円）
● このマンションを本当に買った方がいます!
査定無料
平成○○年、○○市のお客様が当マンションを
5000万円で購入されました。
下記担当まで至急ご連絡ください
○○エリア　プライム不動産
TEL00-0000-0000
担当:○○○○
本当に買いたがる人がいるかは不明
過去に営業担当が手がけた価格の一例にすぎないかも

スーパーの特売

不規則な特売日。実は隠れた「法則」があった

スーパー・マーケットでの買い物では、「チラシ特売品」を必ずゲットする、という方が多いだろう。なにしろ10円でも安ければ、500メートルくらい先まで足を伸ばすことはいとわない。スーパーの多くは、月に何度か、「しょうゆ1000cc＝130円」とか「冷凍食品半額」といった、超低価格の「本日の特売品」のセールを行う。これは、もちろん客寄せのためだが、この特売を可能にしているのは、しょうゆも冷凍食品も賞味期限が長いことだ。生鮮食品は別として、一般に賞味期限が長いものは「特売」しやすい。生鮮食品と比べて廃棄処分になる「ロス率」が低いので、大量に安く仕入れて客寄せの「特売」にかけるのだ。

スーパーのチラシは「モノクロ（または単色）」で写真がないほうが、その店は「安い」という傾向がある。写真入りのカラーチラシは、肉などおいしそうで食欲をそそられて、購買意欲を高める面もあるが、印刷コストが商品の代金に含まれている。

1色刷りのチラシと「特売品」の価格をよく比較してみるとわかるだろう。

チラシ特売が特定の曜日で設定されている場合は、その店舗の売り上げが、その特定の曜日に「落ち込みやすい」ためというケースが多い。夫婦共働きが増加しているので買い物が週末か日曜に集中的に行われることが多く、月曜、火曜、または、水曜に売り上げが落ち込む店舗が多いようだ。月曜、火曜に「割引クーポン」を出す店があるのはその曜日の売り上げが落ちるということだ。「落ち込む日」は、その他の商品も少し安く価格設定されていることもある。

夕方5時に「タイムサービス」がある店が多いが、これも、この時間が客足が減るからだ。雨の日割引サービスも、降雨で客足が鈍くなるためだが、実は、雨の日の翌日が最も値段が安くなっていることが多い。雨で売れ残った生鮮食品を処分しなければならないためだ。雨の日よりお得な価格になっている可能性が高い。

共働き増加の影響がもう一つある。郊外型の大型スーパーは、土日にお客さんが集中するので、その対策として小型スーパーでは、土日に特売を行うことが多い。チラシ特売ではなくても、大型店に対抗するために安くしているのだ。大型店は、反対に平日に客足が遠のくので、平日にセールを行うことが多い。

安売りメガネ

ある時から、急に激安商品が流通しだしたウラ側

メガネの価格はそれこそピンからキリまである。素人目にはほとんど違いがわからないが、レンズ付きメガネ一式4000円くらいという安売りから、2、3万円のものまで多段階の価格でそろえられている。

中小企業庁の統計によると小売業の利益率は、寝具が40・2％、靴35・7％、家具35・3％、スポーツ用品32・3％、文房具29・6％などと、40％弱の業種が多いが、メガネは55％と他の小売業者より飛び抜けて利益率が高い。つまり、原価率が低いということだ。

他の日用品とメガネの利益率の差は、メガネがそうそう頻繁に売れる商品ではないということからきている。メガネの利用者で、毎年のようにメガネを買うという人はあまりいないだろう。メガネ店は、めったに訪れないお客さんのために、在庫を用意しなければならない。しかも、メガネ店はかなりの過当競争で、駅前に立っ

て見回すと、複数のメガネ・チェーン店の看板が目に入る。

メガネの原価は中国製フレームが450円〜500円、レンズが2枚で450円程度。組み立てコストなどを加えても1200円〜1500円だという。ここに、店舗の家賃や人件費、光熱水費などが加わって、4000円〜9000円くらいの価格で提供される。メガネ店は、初めて訪れる人が多いので、初回割引に力を入れているところも多い。4000円の商品から1000円引きというサービスもある。これでリピーターを獲得しようというのだ。

メガネを作る時に注意が必要なのは、「眼科検診」の検診料が、その価格に含まれているかどうか。激安価格につられて購入しようとすると、近くの眼科で検診をしなければならないことを告げられる。これが有料だと、せっかくの激安もお得感が薄れる。「眼科検診無料サービス」であるかどうかのチェックが必要だ。

また、メガネ店のスタッフは、激安メガネを目的に訪れたお客さんに、必ずといっていいほどワングレード上のものを勧める。デザインがいいものや、レンズの非球面加工、または、UV（紫外線）カットレンズなどだ。こうしたオプションは、すべて別料金になることが多いので、はっきり断る強い意志が必要だ。

激安ジーンズ

安さの秘密は、意外な「販売方法」にあった

激安ジーンズは、すでに従来の高めの価格帯のジーンズと共存している観がある。要するに、ブランドにこだわる人は従来の高い価格のジーンズ、こだわらない人は、激安ジーンズでかまわない、という住み分けができているのだ。

5、6年前に、1000円前後のジーンズを各アパレルメーカーや大手スーパーが手掛けて、アパレル業界に一つの衝撃を与えたが、今では、1000円前後の激安ジーンズと、4000円~5000円のジーンズが隣り合った売り場で売られている。つまり、安いからといって「激安」が従来のジーンズを駆逐することはなく、また、激安に品質の限界があるとしても、消費者は、それなりに納得して受け入れているというのが現実だ。激安ラーメン店と従来価格のラーメン店が、隣り合って共存しているような状況だ。最近は、激安でも1000円を切る価格設定のものはメインではなく、1100円から1200円程度の価格になっている。これは、「円安」で

原材料価格が上がったことや、輸入コストの上昇が影響しているだろう。

現れた当初は、激安ジーンズのショックが日本のアパレル業界に走った、そもそものきっかけは、「ＳＰＡ」という、製造小売業の新たな波が起こったことにある。ＳＰＡとは、「Specialty store retailer of Private label Apparel」の頭文字を取ったもので、簡単にいえば、「独自のプライベート・レーベルで、製造から販売までを一貫・統合して行うアパレルメーカー」というところだ。卸売業者や小売業者のマージンがカットされ、激安のアパレル製品を実現する。この大きな変化は主に女性が、ブランドにこだわらずに激安ジーンズを受け入れたことにあると分析されている。男性とはジーンズへのこだわりが違っているという。

激安ジーンズは、生地はバングラデシュで作り、縫製は人件費が安くて技術を持つ工場があるカンボジアで行うことで製品化される。そこから日本に直輸入して、自前の流通で運搬し、自分のショップで販売することで、ジーンズの原価を５００円以下に抑えるというシステムだ。店頭での販売にあたっても、１着ずつきれいに畳むことなく、「吊るし」で売ることでスタッフの手間を省く。１０００円前後という激安価格は、その後の品質の向上もあって、すっかり定着したようだ。

焼き鳥店

「5本盛り合わせ」にカワとハツが欠かせない店側の事情

焼き鳥店は、なぜか町の繁華街の一角に集まって営業していることが多い。ラーメン店は、「ラーメン横町」のように名所になれば別だが、隣に新しいラーメン店ができれば客足に影響する。しかし、焼き鳥店は何店舗か並んでいるほうが客足がよくなるようだ。これは、「焼き鳥」という商品の特徴と関係している。焼き鳥はある程度の店であれば、どこでも平均的な味だということが挙げられる。ラーメン店と違って、「あそこには二度と行かない」というほどダメな焼き鳥店はまずない。

仕入れている鶏肉の品質や価格、供給量が安定しているので、焼き鳥店はどの店も一定のものを同じくらいの価格で提供している。そのため、店の立地さえよければ常連のお客さんがすぐにつく。一時期、「脱サラして焼き鳥店開業」というブームが起こったのも、このあたりが理由のようだ。

食材の鶏肉には、ピンからキリまであるが、一番安くて手軽なのが「輸入モノ」

を利用する方法。タイなどで調理され、竹串に刺した状態で冷凍されたものが輸入されている。これを使えば原価は1本20円程度に抑えられるので、5本300円でも原価率33%に収まる。

生の鶏肉を仕入れて、店内で調理して加工し、串に刺して出す店では、コストも手間もずいぶん違う。国産の地鶏肉を使った場合、1本の原価は100円以上になってしまう。この原価だと1、2本で300円という価格になる。

鶏肉の部位では、一番原価が低いのは「カワ肉」と「ハツ肉」だ。原価は1本あたり10円前後。「5本盛り合わせ」によくカワとハツが入っているのはそのためだ。「モモ肉」は、1本30円くらいなので、5本セットには入れにくい。最低でも1本80円だろう。モモ肉入りセットは3本280円といった価格設定になる。最も原価がかかるのは、ネギを挟んだ「ねぎま」だ。原価は1本40円くらいになるので、2本200円という価格になる。

炭火焼きを売り物にしている店があるが、そういう店は「繁盛店」であることが多い。なぜなら、炭火はいったん火をつけたら閉店まで消すことができず、ガス焼きよりコストも手間もかかる。つまり「注文が絶えない店」ということなのだ。

分譲住宅

不況の時期こそ、マンションが乱立する〝二重〟のカラクリ

夢のマイホームが、「不況になるほど売れる」という話がある。

好況のときに給料が上がって、ボーナスもたんまり出るという状況ではなく、なぜか不況になると、大都市圏のマンションや建て売り住宅が売れるというのだ。

これには、金利が大きく影響していた。不況に入ると、日銀が景気刺激のために金利を下げる。そうなると、住宅ローン金利が下がり、借りやすくなるのだ。ただ、金利が下がっただけでは、一生の住みかの購入を簡単には決めないだろう。そこに、不況の追い風が吹く。

不況になると、地価の高い大都市圏に、社屋や工場を持っていた企業が、業績悪化で自社の土地などを売却する。そのため、まとまった土地が、都市部にいくつも出現するのだ。すかさず不動産業者が入ってきて、マンションや建て売り住宅を建設するというわけだ。それまでよりずっと低い金利で都市圏にマイホームが持てる

となれば、買う側にとっても千載一遇のチャンスだろう。

これが大々的に起こったのが、1990年の「バブル崩壊」のあとの平成大不況のときだった。

不動産バブル崩壊後も、しばらく住宅建設ブームは続き、マンションは1999年に全国で18万戸が建設された。そして、その後、相変わらずの不況が続いたにもかかわらず、2003年には20万戸を記録したのだ。

そのあとさすがに、マンションは供給が過剰になり、新築でもディスカウントしないと売れないという時期に入ったが、現在はまた変化している。

2015年に首都圏で販売された新築マンションは、前年比9・9％減少して4万449戸となっているが、2016年には、これを上回ると予想されている。

この要因は、やはり低金利だ。2016年2月には、ついに日銀が「マイナス金利」を実施したために、住宅ローン金利は、さらに低くなりつつある。首都圏のマンション価格は値上がり傾向だが、ローン金利が下がったことが、購入の動きに拍車をかけることも考えられる。不況でもマイホームが手に入る、そんな時代になったのかもしれない。

セット寿司

一緒に頼むと結局得しない「あるメニュー」

最近、カウンター席が中心の寿司店でもセットメニューがメインの店が増えた。カウンター席でも「握りの『汐風セット』で」などと注文している人が目立つ。握りのセットメニューは、「松・竹・梅」とすると、松＝3000円には大トロ、ウニ、イクラが入り、竹＝2500円には、中トロ、イクラが入っているのが定番だ。

そして、梅＝2000円前後のラインナップはというと、以前はかなりさびしいものだった。「マグロ赤身。エビ、タコ、イカ、コハダ、アナゴ……」で12貫盛りくらいのものだったのが、最近はワンランク豪華になりつつある。「中トロ、イクラ、赤貝……」といったレベルになっているのだ。

これは、宅配寿司がかなり充実した内容になっていることの影響だろう。宅配寿司のメニューでは、中トロが2～4貫入った盛り寿司8貫セットで2200円程度、「半ウニ・半イクラ」が入った12貫セットで2000円弱くらいという、見るからにお得そうな価格になっている。

さらには、期間限定ではあるが「大トロ握り、大トロ入り手巻き、イクラ、マグロ赤身」まで入った9貫セットがなんと2000円を大きく切る価格で提供されているのだ。宅配寿司は、そのほとんどが無店舗なので、家賃の高い商店街などで店を構えている寿司屋よりコストが低い。だからこそ、この価格が実現できるのだが、寿司店としてはお客さんがわざわざ店に出向きたいと思えるような寿司を出さないと、客足は遠のく一方だ。

しかし、寿司店でそんな豪華な「大トロ」入りのセットメニューを今まで通りの価格で店で出したら、本来、採算が苦しいこととなる。店は、他のサイドメニューで利益を上げなければならない。

一番利益率が高いのは飲み物だ。寿司に合う飲み物といえば日本酒だが、地酒を正一合550円～700円くらいの価格にしている店が多い。また、ビールも中ジョッキではなく、これも利益率を上げるために「グラスビール」で450円～500円くらいの価格設定だ。加えて刺身やげそワサなどのつまみを注文してもらって、トータルで採算を取ることになっているのだ。

日替わりメニュー

「看板メニュー」として店が推す商品には共通点があった!?

東京都心の居酒屋の激戦区といえば新橋、有楽町、神田界隈。飲み物のメニューは、似たり寄ったりなので、フードメニューがその店の勝負どころになる。

例えば、人気商品のフライドポテト。業務用の冷凍ものを使うので管理も調理も簡単だが、「店長こだわり日替わりメニュー」として出す。ノーマルな塩＋こしょう以外の「こだわり」は、コンソメ味、ガーリック味、チリソース味、マヨじゃが味など数十種類。コストも手間もかからずお客さんは毎日飽きない。

和食メニューの居酒屋で、意外な人気を保っているのがウルメイワシ。普通のイワシの干物をあぶっただけだが、七味とマヨネーズを添えて出す。これが意外に受けるのだ。数人でシェアできるし、冷めてもかまわない。魚だから「タンパク質」の補給にもなるし、カルシウムが豊富そうだ。仕入れは、なくなれば近所の魚屋から買ってくるので在庫切れの心配もない。

手軽な「店長こだわりの日替わりメニュー」

冷凍のフライドポテト

★調理の手間がかからない!

★塩、コンソメ、ガーリック、チリソース……
などバリエーションが出しやすい

↓

**コストも手間もかからないのに
お客さんは大満足**

ウルメイワシの干物

★近所の魚屋に行けばすぐに仕入れられるので
在庫いらず

“定番の店”の牙城を崩すために行う「ウラ努力」とは

ラーメン店は、原価率の設定が最もむずかしい飲食店の一つだといわれる。どんなところがむずかしいかというと、味はもちろんのことだが、「見栄え」と「ボリューム」が人気店、行列店になれるかどうかの境目だからだ。

昔ながらのシンプルな「しょうゆラーメン」もいいが、新たに出店するとなると、どこか「違った個性」が必要だ。個人で出店する場合と、チェーン店の場合で大きく異なるが、立地や座席数によってもコストなどの条件が変わる。そんな中で勝ち抜けるラーメン店には共通点があるという。

それは、「原価率が高い」、つまりお客さんにとっては「お得」なラーメンのほうが支持されるということ。すでにある程度のお客さんを獲得しているラーメン店の場合、１杯の原価は１５０円～１８０円。価格は７００円超のところが多い。立地によっては家賃の分、価格が高く設定される。原価率は21％～26％となる。

ところが後発店がチャーシューを巨大なものにしたり、煮タマゴを加えたりすると原価は250円くらい、原価率が36%に跳ね上がるのだ。しかし、それくらいの「パンチ」のあるラーメンでないと、新たな顧客はつかない。そこで、人気店となるような店は、最初から原価率を高く設定して一つの賭けに出る。チャーシューなどのトッピングだけで200円くらいの原価をかける店もある。

それだけの「パンチ」があるラーメン店は、すぐに評判になり、人気店となる。それによってお客さんの回転率もよくなり、薄利多売でも利益が確保できるのだ。

一方、屋台のラーメン店はというと、家賃が必要ないわりに、価格は安くても600円、場合によっては800円近い設定の屋台もある。これなら利益率が高いのかと思ったらそうでもないのだ。最近の屋台は、軽自動車を改造した屋台カーが多いが、これはフランチャイズ方式で本部の指導のもとに営業している。本部に加盟金150万円などを納めるので初期費用で400万円くらいの投資が必要になる。日々の売り上げから本部への「権利料」などが引かれ、車のメンテナンス費用もかかる。さらには、雨の日にはお客さんがどっと減るというリスクもある。そのため、普通の店舗とあまり変わらない価格設定になるのだ。

ドリンクバー

結局、何を何杯飲めば元が取れるのか

今やファミリー・レストランには欠かせないものとなった「ドリンクバー」。200円〜350円前後で飲み放題で、喫茶店よりお得な感がある。かつてはコーヒーがお代わり無料というレストランもあったが、ドリンクバーは、ジュースからコーラ、ウーロン茶までいろいろと選べて、子どもたちにも好評だ。子ども料金が割安に設定されているのもお客さんとしてはうれしい。放課後の高校生も、ドリンクバーだけで長時間居座ったりするが、ドリンクバー単品だと割高にされている。

そんなお得感のあるドリンクバーだが、実は、どの飲み物も原価は5円〜10円程度に抑えられている。飲食店のメニューの平均的原価率は30%なので、店にとって優等生なのがドリンクバーなのだ。

ドリンクバーの飲み物は、ジュースもウーロン茶も原液と水をマシンの中で混合させる方式になっている。コップに注がれる飲み物の8割が「水」で、そこに「氷」

が入れば9割が水分ということだ。しかもお客さんが自分でコップを取って、自分で飲み物を注ぎ、自分の席に運ぶので、人件費と手間はマシンのメンテナンスだけとお店に負担ががかからない。よく新聞の折り込みチラシに「ドリンクバー半額券」や「無料クーポン」がついているが、半額にしても、無料クーポンをつけても、他のメニューをオーダーしてもらえれば店は元が取れるということだ。

ところで、ドリンクバーのラインナップにコーヒーが含まれていない場合がある。「ファミレスのコーヒーは飲み放題」というつもりで、いざ、ドリンクバーを頼んでみたら、コーヒーがなくてがっかりした、という声を耳にしたことがある。これは、コーヒーの原価が、本格的に豆から淹れると1杯40円前後かかってしまうからだ。ドリンクバーにコーヒーが含まれているお店は、かなり頑張っているといえるだろう。また、紅茶や緑茶の茶葉をガラス容器に入れて10種類前後用意している店も、なかなか頑張っているといえる。茶葉は原価20円ほどだ。

原価5円のジュースやコーラだと20杯飲んでもまず元は取れないが、コーヒーならミルクと砂糖を加えると7、8杯で300円程度になる。そんなにコーヒーばかり飲むお客さんもさほど多くはないとは思うが……。

バナナ

フィリピン産バナナの買い付け価格はなんと……!?

バナナの店頭での値段は店によっていろいろだが、スーパーでは5本150円程度。バナナの不思議なところは、50年ほど前にも同じくらいの価格だったことだ。とはいっても、当時、バナナは高級な果物だった。病気で入院したときくらいしか食べる機会がなかったといっても過言ではない。

1954(昭和29)年頃は、喫茶店のコーヒー1杯が50円程度、この頃バナナは、1本100円もしたのだ。現在の物価に換算すると、なんと1本500円以上。今でいえばマスクメロン並みの超高級品だった。

戦前は、日本の植民地だった台湾から、日本国内の果物の供給が減る春先から初夏の頃に供給できるように、日本本土にバナナが運ばれていたが、ごく限られた量で、まさにぜいたく品だった。

戦後、台湾バナナが輸入されるようになったのは1949年頃で、この時期もバナナは超高級品だった。当時、日本はGHQ（連合国軍最高司令官総司令部）の支配下にあったので、貿易も自由ではなく制限されている中だった。

１９６０年代に南米のエクアドルから日本にバナナが輸出され始め、台湾バナナのシェアを一時期奪うほど大量に輸入された。ただ、輸送される距離が長いことで、品質の劣化などの問題があった。その後、１９７４年頃からフィリピンのバナナが大量に輸入されるようになった。日本の商社が現地でバナナ農家に支援を行い、大規模生産をすることによって安く輸入できるようになったのだ。

現在、スーパーでは、多くの場合フィリピン産のバナナがだいたい5～7本で１５０円くらいで売られているが、この原価はフィリピンからの買い付け価格で約10%=15円くらいのもの。日本で売られている時には、黄色いバナナとなっているが、フィリピンから出荷されるときには「青い（緑色）」バナナだ。

長い航海を経て、バナナは黄色く色づいて日本に届く。ちなみに、フィリピンの市場の屋台では、黄色く熟して皮の一部が黒ずんだようなバナナが売られている。日本の消費者向けとしては、これでは商品にならないが、フィリピン現地では、皮が黒ずんだくらいが、実がちょうど熟し、食べ頃とされているのだ。

シシャモ

居酒屋の「シシャモ」は、ほとんどがシシャモじゃない!?

居酒屋で不動の人気を保っているメニューの一つに焼きシシャモがある。卵を抱えた「子持ちシシャモ」は、食べ応えがあって、栄養もありそうで、しかも、ビールにも日本酒にも合う。

ただし、居酒屋でシシャモとして出されているのは、そのほとんどが「カラフトシシャモ」、別名カペリン、またはケープリンと呼ばれる代用魚なのだ。

本来のシシャモは、サケのように川を遡上して産卵する魚だが、「カラフトシシャモ」は、同じ「キュウリウオ科」ではあるが、まったく別の魚だ。現在、「シシャモ」として流通しているうちの98%が、このカラフトシシャモ＝子持ちシシャモだという。1匹8円ほどで卸されている。

このカラフトシシャモは、オホーツク海でも見られるが、シシャモと違って川を遡上することはなく、産卵期のメスは、夜間、海岸の波打ち際に押し寄せて産卵をする。オスが先に来ていて精子をまくのだが、メスはその中に産卵して死んでいく、という悲しい宿命の魚だ。

この卵を抱えたメスのシシャモが大量に捕らえられ、生干し加工が施され、ノルウェー、アイスランド、カナダなどから年間約3万トン輸入されている。このカラフトシシャモは、スーパーでは、1パック6～8尾で200円前後からという価格で売られている。

キュウリウオという類似の魚が、北陸などの魚市場で売られているが、これは、生だと野菜のキュウリの匂いがすることからこの名がある。

いずれにしても、居酒屋のお客さんとしては、ビールと日本酒でおいしくいただければいいが、たまには本物のシシャモの味も味わってみたいもの。しかし、本物は、年間1300トンほどしか漁獲がなく、居酒屋に出回ることはまずないようだ。売られていても、本シシャモは、1パック＝500円～600円はする。

本物のシシャモの名は、アイヌ語で「柳の葉の魚」を意味する「シュシュ・ハモ」から由来するといわれる由緒正しい魚だ。「子持ち」が喜ばれるカラフトシシャモとは違って、メスよりオスのほうがおいしいという情報もある。

キャビア

本物と模造品。驚くべき原価の差とその見分け方

少し高級なレストランで行われたパーティーの立食バイキングで、「キャビア」を見つけたときの喜びは忘れがたいものだ。「会費」の分を取り戻すことができる喜びと、世界3大珍味「トリュフ・フォアグラ・キャビア」の一員に巡り合った喜びの二重の喜びに感動する。

キャビアは、チョウザメの卵を塩漬けにしたもので、プチンと噛むと、とろけるような味覚が口の中に広がり、至福のひとときを感じるもの。ところが、幸運にも巡り合えたはずのキャビアが、「ちょっと硬い食感」だったということがある。それはチョウザメ以外の魚の卵で作られた「模造品」であることが多い。

実は、キャビアの主な産地であるロシアでは、「魚卵」のことをすべて「イクラ」と呼んでいる。キャビアは「チョールナヤ・イクラ」と呼ばれ、これは「黒い魚卵」という意味だ。そう、日本語で「イクラ」はサケの卵を意味するが、あれはロシア

語からきていたのだ。

ヨーロッパでは、やはり魚卵すべてを「キャビア」と呼ぶ国が多い。そのために、チョウザメの卵ではない魚卵の塩漬けをキャビアと呼ぶことがある。サケの卵＝イクラが「レッドキャビア」として売られている場合もある。

チョウザメ以外では、タラ、ニシン、トビウオなどの卵が「模造キャビア」に用いられる。本物のキャビアと同じような製法で塩漬けにされ、本物に似せるために調味液に漬けたり、着色したりする。本物との違いは、着色された魚卵は全体が黒っぽいが、本物はくすんだ「ねずみ色」をしているところだ。

当然、本物のキャビアとは厳格に区別されなければならないが、時に模造品が「本物」として出回る。奈良県の料亭が「本物のキャビア」として会席に出した「偽装キャビア」は、本物なら100グラム1万2000円のところ、「ランプフィッシュ」の魚卵を黒く着色したもので、100グラム840円で仕入れた品だった。ランプフィッシュ・キャビアは、小売価格で50グラム＝800円程度で販売されている。キャビアの雰囲気を安く味わいたい向きには意外にお勧めかもしれない。海藻から作られた青森県産の人工キャビアも1300円程度で売られている。

コラム

価格帯のトリック　これを入れるだけで「客単価」がアップするメニューの秘密

フランスで料理の修業をして帰国した日本人シェフが念願の店を開いた。メニューは、ディナーが1万円。宣伝も兼ねてランチをAランチ＝1200円、Bランチ＝2000円とした。しかし、出血サービスのAランチのお客さんは入るが、肝心のBランチとディナー客が伸びない。思いあぐねてコンサルタントに相談した。

コンサルタントは、「すぐに売り上げを倍増させます」と豪語した。そして、提案したことは、ランチにCランチ＝3000円を加えることと、ディナーに1万7500円の高額コースを追加することだった。シェフはその方針に半信半疑だったが、ワラにもすがる思いで、そのメニューに変えてみた。すると、Bランチとディナー1万円コースのお客さんが増え始めた。これは「松竹梅の理論」と呼ばれる。日本のお客さんは「真ん中のメニュー＝竹」を選ぶ傾向がある。しかも高額ディナーメニューはかなりお高い。それに比べて、ランチがとても割安に感じられたのだ。

客単価を上げる魔法の「松竹梅の理論」

腕利きフレンチのシェフが開店
ディナー＝1万円、
ランチ・Aランチ＝1200円、Bランチ2000円と
したところ、「出血サービス」のAランチしか売れない

↓

「松竹梅の理論」

3000円	2000円	1000円
松	竹	梅

日本のお客さんは「真ん中のメニュー」を
選択する傾向がある

↓

相談の末、ランチにCランチ＝3000円を加え
ディナーに1万7500円の高いコースを追加
すると、Bランチ、1万円ディナーコースが売れ始めた

行う。レンタル料金は1本あたり10円～15円が相場で、コーヒー1杯が300円なら、そのうち5％はおしぼり代ということだ。貸しおしぼり業者によっては「月5００本まで8０００円」の定額というところもある。この場合、1本16円の計算だ。各地にある貸しおしぼり共同組合が、組合加盟業者を「年3回」など定期的に点検して、「衛生マーク」を発行している例もある。

店がおしぼりを業者から購入し、スタッフが洗って再使用する場合もある。販売されているおしぼりは120枚単位で1枚あたり30円から。ただし、店で中途半端な洗い方をすると臭いが残るので、お客さんに敬遠される一因となってしまう。

不織布や紙のおしぼりは、使い捨てなので店にとっても手軽だ。価格はさまざまで、1本0・5円から5円くらいまで。大量に購入すればそれだけ割安になる。こちらは、おしぼり袋に店名を入れるということもできる。この「名入れ紙おしぼり」は6000本以上で2万円程度からで、1本につき4円弱の計算だ。

紙おしぼりに切り替える喫茶店が圧倒的に多くなっているが、お客さんとしては、衛生的で「キーン」と冷えた「布おしぼり」を顔に当てたい願望に駆られる。しかし、コストと手間を減らすためには「紙」で我慢するしかなさそうだ。

画家の絵画

ネームバリューより値段を大きく左右する要素とは

海外の有名オークションで、ピカソなどの絵が数十億円で落札されたというニュースを聞くたびに、「絵の値段って、どうやって決まるのだろう」と疑問に思う。世界的に有名な画家の絵であれば、どうしても手に入れたい個人収集家や美術館がどんどん値段をつり上げていくのだろう、ということはわかるが、それほど知られていない人の絵にもそれぞれ値段がつけられる。それには根拠があった。

それは、「絵の大きさ」だ。絵は大きさによって「号数」でランクづけされ、「号あたり何万円」という基準がある。「1号」というのはハガキ1枚くらいの大きさで、「100号」となるとふすま1枚半くらいだ。

例えば、ある画家の作品が「1号3万円」という評価の場合、「5号」なら15万円という値段がつけられる。ただし、同じ画家が100号の絵を描いても300万円とはならず、それよりは低い価格設定となる。

この評価額は、まだ無名で駆け出しの画家でも、「二科展」などのコンクールに入選すると「1号5000円」くらいから値段がつけられる。画廊に絵画を販売する画商と呼ばれる人が、「●●展で入賞して、▲▲展で受賞しているから、この画家の作品はいくら」と値段を決める。原価という意味でいうと、例えば、海外に取材に行って何枚かの絵を描いたとしても画商がその経費を計算に入れてくれるわけではない。また、モデル代なども考慮されない。「大きさ」がポイントなので同じモチーフを描くなら、とにかく大きめのほうがコストパフォーマンスがよくなる。

ある駐日外国大使館が、とある画家の「80号」の抽象画を400万円で買ったという。この価格をどうやって決めたのか、大使館に聞いてみたところ、『美術年鑑』という本に「この画家は1号5万円」と書かれていたからだそうだ。この年鑑は、美術年鑑社が発行している本で、画家や画廊が掲載料を払うことで絵画の写真を掲載し、その「号あたりの評価額」が記載される。掲載料は、カラー6分の1ページで20万円、4分の1ページ30万円という価格設定だ。自分の絵を販売するための広告のようなものと考えればいいだろう。もう一つ、『美術市場』（美術新星社）という本でも絵画（現代作家の日本画、洋画）の流通価格が掲載されている。

オーケストラ

弾きっぱなしのヴァイオリンと、シンバルの給料格差は？

音楽をなりわいにしている人は、「貧乏生活」なのでは、というイメージは、宮沢賢治の「セロ弾きのゴーシュ」の印象が強いからだろうか。

意外にも日本のオーケストラの楽団員は、安定した給料を受け取っているそうだ。とはいっても千差万別だが、大きく分けて、①固定給料制、②基本給に演奏会の数などで歩合給がプラス、③演奏会やスタジオ録音など仕事ごとに歩合給、という3つがある。

日本のプロ・オーケストラでは、完全に固定給制というところが多い。楽団によってかなり差はあるが、一応給料は安定しているといえる。

年収ベースでのトップは、某公共放送のオーケストラで、1000万円に達するといわれる。平均すると年収400万円～500万円程度で、中堅サラリーマンと変わらない。ただし、中には、ゴーシュのように他の楽団の手伝いや結婚式場で演奏するなどのアルバイトをしないと苦しいという人もいる。

面白いのが、「給料の公平さ」だ。

オーケストラには規模によって60人から100人くらいの楽団員が所属している。ヴァイオリンやチェロのように、演奏会で、いったん曲が始まると、ほぼずっと弾き続けている弦楽器の楽団員もいれば、そんなに音を出す機会がない、例えばティンパニーのような打楽器の楽団員もいるのだが、その給料には、正団員である限り楽器による差をつけないのだ。

もちろん、年齢とキャリアによって差が生まれる場合はあるが、同じくらいの年齢であれば、みんな均等の給料をもらっている。

ただし、各楽器のセクションに「首席奏者」がいて、この人は給料の5～10%の「首席手当」がもらえる。

プロ・オーケストラのほとんどが終身雇用制で、60歳定年の場合が多い。退職時には退職金が出るが、一般企業ほどの額ではないという。

近年は、自治体が支援する楽団で助成金のカットなどが相次ぎ、楽団員の削減なども行われている。芸術・文化に対する助成はなんとか維持したいものだ。

著作権料

本を出版して「夢の印税生活」の現実

出版不況といわれる中、それでも何十万部とか、時には100万部を超えるベストセラーが出現する。漫画の場合、コミックが初版数百万部、という例もある。

書籍の印税は、通常、定価の10%で、翻訳物など特別な場合に7%から12%くらいの間で設定される。例えば、海外の作家の本を翻訳した場合、原作者が5%の取り分だと、残り5%では翻訳家の印税が少なくなるので、翻訳家が7%、合計12%にするという具合だ。

本の定価が1500円で、1万部印刷してすべて売れたとするとトータルで1500万円の売り上げ。作家の印税は150万円（税込み。以下同様）になる。

印税は、通常、印刷した部数にかかるので、実際にはすべてが売り切れなくても、作家は、印刷部数に応じて印税を手にする。

出版社が相当力を入れて初版で10万部印刷すれば、作家の印税は、1500万円となる。

もし、増刷されてベストセラーになり、100万部売れた場合、作家の取り分は1億5000万円になる計算だ。

ただし、出版契約にはいろいろなパターンがあり、例えば、作家が芸能事務所に属していた場合、事務所が印税の「半分」を受け取る契約もあり得る。その場合、単純に5%ずつの取り分となる。

また、ベストセラーとなった作品が、文学新人賞であった場合などは、新人賞を贈った出版社の規定によっては、印税の割合が変わることもある。必ずしもベストセラーの印税が、すべて作家の受け取り分になるとは限らないのだ。

作家にとって、一番「おいしい」のは、単行本が「文庫化」されたりと、別の出版物にリメイクされる場合だ。文庫化されれば、労することなく通常、10%の印税が受け取れる。

ちなみに漫画家の場合、例えば週刊誌で連載していても、毎週の原稿料は、アシスタント料などで吹き飛んでしまうケースが多い。漫画家にとっては、「コミック化」がボーナスであり、利益が得られる源泉となっている。

二宮金次郎像

なぜいままた見直され始めたのか

かつて国民学校と呼ばれた小学校には、二宮金次郎（金治郎、のちに尊徳）の銅像、または石像が必ずといっていいほど置かれていた。薪を背負って歩きながら勉強をしたという、戦中・戦前の『修身』（現在の道徳にあたる）の内容を体現したものだった。しかし、戦後、『修身』は軍国主義的な傾向が強いとして禁止されたために、金次郎の銅像も多くが撤去され、廃棄されたり物置の奥にしまわれたりした。

ただし、一説によると、戦時中の「金属供出」で、銅像が弾丸などの製造のために供出されたことが、像が減った原因ともいわれる。そのため、石像は残っているものが多いそうだ。逸話としては、銅像を供出する際に「戦争のため応召《おうしゅう》」と金次郎像にたすきを掛けて壮行会を行い、戦地に送り出した学校もあったという。

江戸時代後期の1787年に現在の神奈川県小田原市に生まれた金次郎は、幼い頃に洪水で家を失い、貧しい生活の中、薪を拾いながら勉学に励んだ。やがて荒れ地の開墾で成果を上げ、小田原藩に認められて藩主に仕えるようになり、さまざまな農政、開墾に従事、天明の大飢饉の際にも領民を救済したと伝わる偉人だ。

金次郎像は、背丈1メートル程度のものが多い。これは、小学生に1メートルの大きさを教えるためともいわれるが、定かではない。戦争直前の1940年に金次郎像が量産され、それがたまたま約1メートルの高さだったという話もある。

現在、1メートルの立像を製作すると、像の部分だけでおよそ200万円～250万円。台座は、別のコストだ。

この像については、大正時代に軍国主義的背景のもとで、石材業者や石工が小学校（当時・尋常小学校）に石像や銅像を建てようという営業活動を展開した、という話もある。この金次郎像が、最近、再評価され、物置にあったものを再び表に飾ったり、新たに製作するケースがある。ただし、歩きながらの読書は、「スマートフォン（スマホ）」のながら歩きにもつながって、子どもたちには勧められないという声も多い。栃木県日光市の今市地域の小学校に、金次郎が薪運びの途中で休憩して本を読んでいる様子を表した「座像」が寄贈されたケースもある。「座像」は高さ75センチで、85センチの台座の上の切り株に腰掛けて読書をしている。

運転免許

取得に日本「30万円」、アメリカ「3600円」。その差はどこから？

日本の運転免許（普通免許）取得までの費用が高すぎる、ということはよくいわれる。本当に、そんなに高いのか検証してみた。

日本では通常、都道府県警察（公安委員会）が公認する指定自動車教習所で所定の課程を修了しなければ普通免許は取ることができない。試験場の技能試験を直接受ける方法（「一発試験」という）もあるが合格は困難。合格率は5％といわれる。

そのため、自動車教習所に通うこととなるが、25万円から30万円くらいの講習料がかかる。その上で、運転免許試験場（運転免許センター）で学科試験のみを受けるので費用もかかるし、期間も数カ月かかる（短期のクイックコースもあるが……）。

海外ではどうか。アメリカでは、自宅にある車で練習をして試験を受けることができる。日本では、例えば、近所の駐車場で運転の練習をしたら「無免許運転」になってしまうが、アメリカでは問題がない。ニューヨーク州の例では、免許を保持している人が同乗すれば路上で運転の練習をすることも許される。連邦政府の自動車局での受験費用は、学科と実技を合計して約30ドル（3600円）程度でOKだ。学科試験の問題はネットで公開されている。

英国では、免許保持者が先生として同乗し、路上で練習する場合が多い。費用は、先生にもよるが、2時間40ポンド（6400円）程度だ。練習では先生がOKを出せば受験へと進むので5、6回で受験し、合格する場合もある。教習所は10回で200ポンド（3万2000円）。筆記試験料が約30ポンド（4800円）、実技試験が50ポンド（8000円）程度だ。

フランスでは、民間の自動車学校（オート・エコール）で運転講習を受け、その後、地元の警察で実地試験を受ける。費用は、20時間の学科と実地込みで800～1000ユーロ（約10～12万円）くらいだ。

ドイツでは、交通局による学科の講習があり、それとは別に自動車学校の技能講習が行われる。1000ユーロ（約12万円）からのコースがある。最大の特徴は、フランスとドイツの免許は、生涯有効で更新の必要がないことだ。

各国とも日本より低コストで、なにより練習の選択肢が豊富なようだ。

小松菜

農家にとって「月給」のように安定収入になるワケ

小松菜は、東京・江戸川区小松川付近でアブラナ科の野菜を品種改良して作られた。江戸時代に鷹狩りで訪れた将軍・徳川吉宗に献上されたことから、この名が知れわたったと伝えられる。冬が旬で鍋物には最適だし、雑煮に入れてもいい。他にもおひたしをはじめ、料理にはとても使いやすくて重宝する。

この小松菜は、農家にとっても、とても重宝する野菜だ。というのも、耐寒性が強く、霜が降りたり冷え込んで葉が凍るほどになっても枯れることがないなど、栽培しやすいのだ。農薬の必要もほとんどなく、病害虫防除のためにはハウスで栽培すると手間もかからない。加えて、収穫までの日数が、夏なら二十数日と短い。ハウスで1年を通して栽培すれば、年間に10回くらい収穫できる。価格も300〜400円／キロと安定している。そのため、農家にとっては、まるでサラリーマンの月給のような安定した収入となるため、実にありがたい野菜なのだ。

農家にとっての“お給料”・小松菜

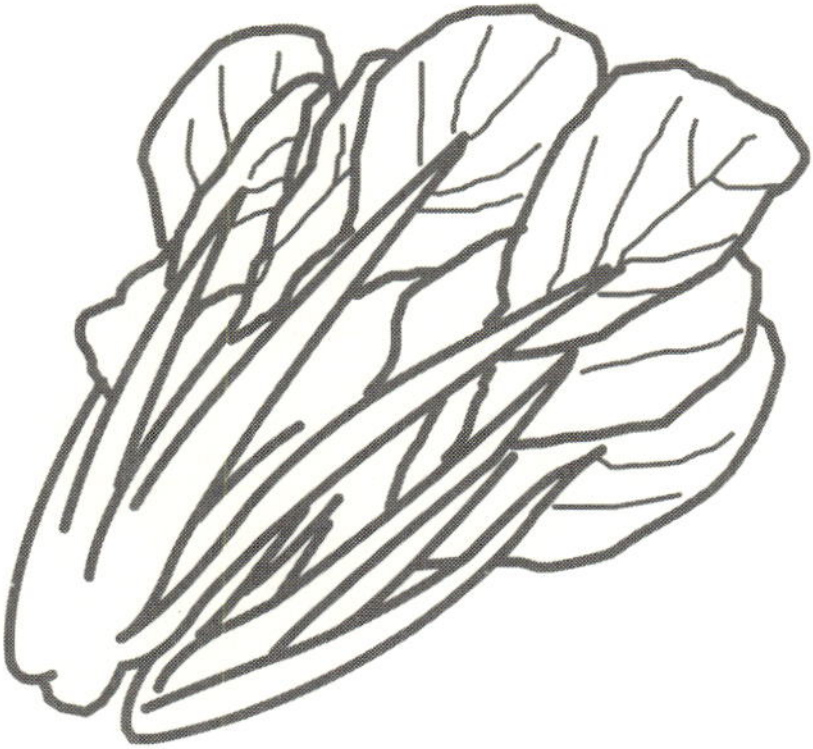

小松菜は、耐寒性が強く、
霜が降りたり冷え込んで葉が凍っても枯れない
ハウスで、年に10回収穫できる

↓

農家にとって「月給」のような存在

古紙リサイクル

世界経済の今は、古紙の「価格相場」に表れる？

ひと頃は「ご町内の皆様〜」と頻繁に古紙の回収に回っていた「ちり紙交換」の車は、最近、あまり見かけなくなった。古紙、つまり古新聞、古雑誌などの回収を自治体が町内会などを通して徹底して行うようになったために、商売としての回収車が減ってきたのだ。ひと家庭の1年分の新聞を回収して再生紙にすると、紙パルプを作るための木、1・5本を伐《き》らずにすむというから、環境保護の観点から、古紙のリサイクルは重要だ。中でも牛乳パックなどの紙パックは、そのまま紙パルプ（バージン原料という）のように再生されるので効率も品質もいい。

資源ゴミとして回収された古紙は、製紙会社に納入する業者によって、梱包され1トンほどが一定の大きさに圧縮される。そして、大型トラックでメーカーに運ばれ、再生されるが、回収の各段階で「分別」や「異物除去」が行われる。

メーカーで、古紙は巨大なミキサーのような機械で細かく粉砕され、いったん水で溶解される。その上で、印刷物のインクなどを除去して、新たな紙として再生される。再生紙は、かつては、段ボールや封筒などに生まれ変わる程度のそこそこの品質だったが、今では、紙パルプから作られた新品の紙とほとんど見分けがつかないほどに高品質になっている。そのため、雑誌、新聞紙、トイレットペーパー、絵本など、思いがけないほど多くの紙製品が再生紙で作られているのだ。

古紙の価格は結構変動する。古紙が計画的に生産されるものではないことと、「紙の需要」そのものが大きく変動するために、古紙の需要も変化するからだ。とくにこの間、高度経済成長を続けていた中国での紙の需要が膨大だったことから、日本国内の古紙がどんどん中国に渡っていた、という現象もあった。

一方で、最近、新聞の発行部数が激減し、新聞古紙が発生する総量が減っていることで1キロあたりの価格が高止まりする傾向だ。新聞古紙の価格は、1キロあたり14円で取引されているが、メーカーの需要が一時的に高まって、古紙の買取量が増えると1キロあたり24円程度まで価格が高騰するという。ゴミステーションに出された資源ゴミを持ち去るという違法行為までする業者が時々現れるのは、古紙の価格が時に高騰して、需要が急に高まることがあるためなのだ。

自販機

1缶50円以下の仕入れ価格が3倍近く跳ね上がる仕組み

暑い夏の日、なにか飲み物がないと、「脱水症状」になってしまいそうだ。そんな時に、なくてはならないのが飲料の自販機。道端にも駅のホームにもある自販機だが、これだけ自販機があふれているのは日本だけだという。自販機は全国に550万台以上。年間7兆円を稼ぎ出すというから、巨大企業並みだ。

ところで、不思議なのは、コーラもウーロン茶もジュースも、350ミリリットルの缶であれば、みんな130円～150円という価格設定の場合が多いことだ。原材料が違って、中身がまったく違うのだからコストも違うのではないかと思われるが、缶飲料は横並びの価格だ。

ウラ読みすると、実は、150円程度という価格自体が「高すぎる設定」かもしれない。実際に、100円ショップやディスカウントストアでは、自販機で150円で売られているものと同じ商品が、2個で100円（税別）、つまり、1缶50円で売られていることが珍しくないのだ。

実のところ、缶飲料の原価は、70％以上が人件費と流通コストとなっている。その他、広告宣伝費、缶飲料そのものの製造費などもあるが、原材料費は30％にすぎない。そのため、いってみれば、ぎりぎりで30％までディスカウントすることも不可能ではないのだ。

時々、社員食堂などに置かれている缶飲料の自販機などで、全商品「１００円」などという設定になっていることがある。缶飲料の仕入れ価格は、1缶50円以下で、その他は、「設置権利料」で費やされていることが多い。

自分の土地を持っている人は、自宅前の空き地や駐車場の隅などに、飲料の自販機を置くスペースを貸すだけで、あとは、飲料メーカーがすべて系列会社に管理をさせるというパターンがある。

土地の所有者は、自販機の運転のための電気料金だけは負担するが、自分の土地に自販機を置かせるだけで、売り上げの10〜15％程度のロイヤルティーを得ることができる。飲料メーカーとしても小売店に卸すより、自販機のほうが利益率が大きいので、この方式のほうがメリットがあるのだ。

タマゴ

50年以上も「物価の優等生」でいられるワケ

昔から「物価の優等生」といわれるタマゴ。時々、少し高値になったりしているが、基本的に販売価格は、スーパーで10個パック200円前後、と安定している。米の価格は、この50年間で約60倍、一般家庭の収入は約50倍になったのに、タマゴは1キロあたりの価格が1・2倍程度にしかなっていない。逆にいうと、50年前には、タマゴは少しぜいたく品だった、というい方もできる。かつては、子どもが好きなものとして「巨人、大鵬、玉子焼き」といわれたものだ。

この安定価格のウラには、養鶏家が養鶏場の規模を次第に拡大し、オートメーション化などを進めて、産卵数を増加させる遺伝的改良などに努めたことがある。照明を調整して産卵を増やすなどの技術も開発された。

タマゴの価格は、鶏卵相場＝たまご相場で決められ、安定して流通されるようになっている。この相場は、日曜、月曜と祝祭日の翌日以外に発表され、日本経済新聞の朝刊などに掲載される。タマゴの供給は、野菜や魚などと違って季節や天候に左右されることが少ない。ただ、需要の変化で夏場は安くなり、冬場は高くなる。とくに毎年12月には、クリスマスケーキやおせち料理に大量に使用されるために相場が高くなる。２０１５年には、7月に1キロ＝２１３円だったが、12月には２５５円と高騰している。1キロは、サイズにもよるがタマゴ17～18個程度なので、1キロ２５５円で1個あたり15円前後だ。他に、鳥インフルエンザの流行など突発的なことが起こると、やはり高騰する場合がある。養鶏家のコストは、エサ代、光熱費、土地代などを含め1キロ１５０～１６０円というから、1個あたり8円程度。これを9円で卸して、運送費用、小売店の利益を乗せて売られる。養鶏家を含め、各業者は、1個、0・5円から2円程度の利益となっている。

一方、ブランド卵と呼ばれる「ヨード卵」や「しんたまご」は固定価格となっていることが多い。ビタミンEやDHAを含むエサをニワトリに与えて、いろいろな栄養素を含むタマゴが作られる。いわゆる「赤玉」のほうが栄養がありそうだが、ニワトリの種類によって変わるだけで栄養に大差はないともいわれる。ただ、赤玉を産むニワトリは病気に強いため、抗生剤があまり使われないともいう。

カーテン

同じ生地でも「ひだ」の加工一つで20％の価格差がつく

引っ越しのときに犯しがちなのが、「古いカーテン、捨ててきちゃった」というミスだ。引っ越し先で、その日から住もうとするとカーテンがないのはとても困る。外から丸見えになるからだ。日が暮れてから、初めてそのミスに気づいたりする。

いつもディスカウントストアで安い衣料品などを買っていると、カーテン専門店での価格設定に驚かされることになる。飾りもなにもない普通のカーテンでも1間《けん》＝180センチ幅＝サッシの引き戸2枚分で、2万円～3万円くらいからという値段なのだ。アパートやマンションならまだしも、戸建てだと、3部屋＋出窓用などが必要なので、10万円程度という予想外の出費になる。

カーテンには製造過程でいろいろな手間がかかるという。反物《たんもの》には「織り」、「染め」、「細工」、「縫製」という工程がある。染色を何度も行う「多色プリント」などは手間の分高くなり、その他、「遮光」、「防炎」、「防汚」などの機能をプラスするとそれも一つひとつがコストを押し上げる。

生地にかかる手間とコスト、グレードによって価格が変わることに加えて、カーテンは「ひだ」のつけ方でも差が出てくる。「ひだ」がないとカーテンとして機能しないが、一般的な「1・5倍ひだ」だと、1間分で約8メートルの生地を使用する。生地が1メートル3000円だと、1間で2万4000円になる。少しレベルを上げて「2倍ひだ」にすると、1間で約10メートルの生地を使うので、価格は3万円になるのだ。同じ生地でも「ひだ」の加工一つで20％の価格差がつく。

カーテンは、流通も複雑だ。特約店方式の小売店を持つメーカー問屋系と、主にデパートに卸す百貨店問屋系の2系列がある。この流通の途中に「代理店」という仲介業者が入るために、販売価格がさらに高くなるのだ。一番安上がりなのは、織物工場・生地問屋から、販売会社が直接仕入れる方法だが、このルートは、生地問屋と販売会社との間で相当な信頼関係がないと成立しない。

輸入物は、商社が海外メーカーから買い付けて問屋に卸す。国内メーカーでもヨーロッパの縫製技術を導入した自社工場で、グレードが高いカーテンを比較的手頃な価格で製造しているメーカー兼販売業者もある。

自転車店

新車販売では薄利。利益率が一番高いのは？

大型ディスカウントストアやスーパーなどで売られている自転車は、かつて高かった頃の価格を思うととにかく安い。特売品になると1万円を切るものも珍しくない。

この低価格は、中国製の自転車がどんどん入ってきているためだ。国内メーカーも利益を圧縮して価格を抑えざるを得ない。国内メーカーは、部品の共同開発によって、開発コスト、設計コスト、人件費などをカットして対抗している。部品を共同発注することで、大量生産が可能になる。

自社の製品でも共用できる部品はできるだけ使い回しにする。「ツーリング自転車」や「クロスバイク」といったスポーツタイプから、いわゆる「ママチャリ」まで、流用できる部品はなんでも共通にすることで部品のコストをカットできる。この企業努力で、従来は2万円から3万円前後だった価格を1万円台にまで下げることができるようになった。

低価格の自転車は、コストを下げるために装備が簡略化されているので、購入する時には注意が必要だ。「ママチャリ」では、変速機がついていないことが多く、坂道が多いところではちょっと苦労する。ライトもついていないことがあるが、これは懐中電灯を使えば補うことができる。

低価格化によって、自転車販売店は、新車の販売だけではなかなか利益が上がらなくなった。新品自転車は、価格2万円のものの仕入れ値が1万2000円程度で、月に5台売れても利益は4万円だ。それに対して、ライト、鍵、ヘルメットなどは仕入れ値が原価率40%くらいなので、こちらのほうが利益率が高い。

さらに、タイヤのパンク修理、チューブ交換は、原価が非常に低い。実際、利益はこれで確保している。パンク修理は、100円ショップで「パンク修理セット」を買って自分で直すとよくわかるが、修理1回のコストは50円もかからない。これで800円から1500円の料金を得ている。タイヤチューブの交換は、前輪なら素人でも簡単に交換できるが、前輪で4000円、後輪で4500円～5000円で交換している。原価率は10%くらいで、他にかかるのは手間賃、家賃、バイト代くらい。自転車店の収益の大きな部分をタイヤ修理・交換が占めているのだ。

2つの店に共通の「繁盛のカラクリ」

時折、地方の中小都市を訪れると目抜き通りでもシャッターが下りている商店が目につく。いわゆる「シャッター通り」になっている様子はさびしいもの。そんな通りの中でも、昔ながらの店を営業している店舗は、なぜか決まって文房具店と洋服店だ。どうやら、ここには「手堅い商売のカラクリ」がありそうだ。

文房具店は、ノートや筆記具、消しゴム、便せんなど細かいものが多い。そんな細かいものだけで商売が成立しているとは到底思えない。100円ショップより値段も割高なものが多いので経営はかなり厳しくなっているはずだ。

ところが文房具店はサバイバルする。その繁盛のカラクリは、「地域の学校との販売契約」にあった。文房具店は先代から地域の複数の小・中・高等学校に出入りしている。新入生向けに学校指定の商品を扱うのだ。学校指定のものとは、学校名が入った連絡帳などのノート類、名札など。上履きや体操着まで扱うこともある。

これら「学校指定商品」だけで年に1500万円から2000万円を売り上げている。新入生が存在するお陰で商売が成り立っているようなものだ。また、古い商店のメリットは、学校出入りに加えて、店舗が自宅兼用であること。家賃が必要ないので、年間1000万円以上売り上げれば御《おん》の字だろう。

洋服店も似たような事情だ。洋服店は、なんといっても古くからの常連客との付き合いで持っている。それに加えて、やはり「学校指定」が売り上げの大きな部分を占める。中でも一番は「学校の制服」だ。中学、高校の制服を扱えば、少子化の昨今でも500万円から800万円前後の売り上げになる。制服は、学生服以外に学生帽や学校の紋章入りのワイシャツ、靴下、ネクタイなどにまで及ぶ。

文房具店ともかぶるが体操着も見逃せない。指定の体操着は、品質がいいものだと1着7000円～1万円くらいする。さらに洋服屋にとって「おいしい」のが、運動部や文化部の部活動ユニフォームやジャケットだ。野球部やソフトボール部のユニフォームは、学校名やチーム名も入って1着2万円くらいするのだ。10くらいの部活に新入部員が5人ずつ入れば売り上げは100万円になる。そんなわけで、文房具店も洋服店も、店はヒマなようでも採算が取れているのだ。

合いカギ

合いカギ店にのし掛かる、知られざる「コスト」とは

昔は自宅の玄関先に合いカギを隠していたもの。植木鉢の下などに合いカギをしのばせていた。なにしろ家族が多かったし、合いカギを作るショップも今ほど多くなかったので、家族全員が一つのカギを使い回していた。今では、そんなことをしたら、すぐに空き巣に入られてしまうので、合いカギは家族の人数分必要になる。場合によっては、実家のお母さんにも持たせたりする人もいるようだ。

かつて合いカギは1本500円程度で、1分もあればできたのだが、「ピッキング泥棒」が増えたことで、簡単に開けられる錠前が使われなくなった。

ピッキングは、空き巣狙いが特殊な道具でマンションなどのドアの錠前を開けてしまう方法だ。ピッキング対策で、全国防犯協会連合会が防犯性が高い「CP認定錠」への交換を推奨したことで、昨今は通常の合いカギでも1本800円(プラス税)で、作るのに3分くらいはかかるようになった。

合いカギ作りを見ながら待っていると、「元のカギ」を機械でトレースして削るだけなのに、なぜこの価格なのだろう、と思わないだろうか。合いカギの原価は10％くらいなので元値は100円もしない。けれども、合いカギ屋さんとしては、ありとあらゆるカギに対応しなければならないので、未加工のカギを膨大な種類、在庫していなければならない。いつ注文が舞い込むかわからない「高級輸入自動車」のカギなどにも対応するには、相当の在庫が必要だ。その在庫管理コストが1本1本の合いカギ製造コストにかかっているというわけだ。

カギの種類は5000～6000種類といわれる。その中には、イスラエル製で暗証番号を確かめないと複製できないというものもある。

合いカギを外出先で落としてしまうと、家族が帰ってくるまで自宅に入れなくなってしまう。落とし物の約10％がカギだというから、世の中では今日も困っている人がいるだろう。どうしても急いで開けたい時には、「カギの救急」といった、錠前を開けるサービスがある。自宅の中にスペアキーがある場合は、「カギ開け」だけでよく、これなら8000円程度から、錠前そのものの交換は1万円程度からという料金だから、何時間も家族の帰りを待つよりいいかもしれない。

スーツ

スーツ専門店とデパート……「システム」の差が価格に

かつてスーツは「大卒初任給程度の価格」とされていた。サラリーマンは、初任給でバリッとしたスーツを購入したのだ。となると今なら20万円前後のスーツということだが、そんなに高いスーツを買うサラリーマンはまずいないだろう。

スーツ専門店では2万円～3万円で「替えズボン付き」のものが買える。特売では1万円台も珍しくない。一方、デパートなどでは、今でも5万円以上のスーツを売っている。とくにブランドものでなくてもそれくらいの価格設定だ。

この差はシステムの違いから生まれる。デパートの服飾品は「委託制」なのだ。問屋やメーカーがデパートの売り場に委託して売れた分だけ代金を回収する。

量販店やスーツ専門店は、チェーン展開で大量に仕入れして、「買取り」で販売する。返品はできないが、その分、価格は当然安くなる。何万着単位で仕入れるので1～2万円台のスーツも可能になるのだ。

「デパート」と「スーツ専門店」の価格の差

デパート　スーツ専門店で2～3万円のスーツが5万円になる理由

↑

売れた分だけ代金回収　｜　商品を委託

問屋・メーカー

（返品へのリスクが代金に含まれている）

スーツ専門店　なぜ安く販売できるのか？

↑

チェーン展開で商品を提供　｜　大量仕入れ返品なしの買取り

問屋・メーカー

（店はリスクを抱えるが安く仕入れられる）

（売れ残った商品→客寄せとして超目玉商品に）

委託と買取りでこんなに大きく価格が違う！

中古ブランド時計

憧れのブランド時計「ロレックス」ならハウマッチ？

ロレックス、カルティエなどのブランド時計は、だれでも一つくらい持ってみたいと思ったことがあるのではないだろうか。しかし、手が出にくい価格なので、たいてい憧れにとどまる。ただし、中古であればその憧れが実現する可能性がグッと強くなる。例えば、かの「００７」が使ったとされたロレックス・オイスター・パーペチュアル・デイトジャストは、定価では70万円くらいだが、ロレックスの新品販売店では50万円台、これが中古ショップとなると30万円台になる。

もちろん、中古だから、「キズ」や「腐食」などのレベルによって価格も変わるが、定価のほぼ半額で手に入るのだ。状態によっては、10万円前後の中古品も見つかる。同じくロレックスで、文字盤にダイヤが10個埋め込まれている定価90万円ほどのタイプが、中古なら40万円程度。このクラスになると資産価値も発生する。

こういった金やダイヤをふんだんに使った高級ブランド時計は、ヨーロッパの貴族が「万が一」のことを考えて作らせたものだった。政変や革命などがよく起こったので、急に他国に亡命しなければならないような場合に、身近な金やダイヤを身につけるとともに、宝飾時計を現金代わりに持ち出したのだ。現代でも、資産価値があるブランド時計は、いざという時に役立つかもしれない。

中古のブランド時計を購入するときに注意すべきことは、まず「ニセモノ」が横行していること。そして、もし時計そのものが「本物」であっても、「オリジナルではないもの」があることも知っておく必要がある。

つまり、複数のブランド時計から、状態のいい部品を集めて、一つの「いい状態の中古」に作り直されることがある。これは「改造品」なので価値がガクンと下がる。部品を合体させて作るので「ガッチャマン」と呼ばれることもある。中古時計の購入時は、専門の詳しいスタッフがいる店で直接買うのが一番安心。

売却を考えているときは、購入時の「箱」や「付属品」、「保証書」など、ついていたものはすべて保存しておくことが大切。時計のオーバーホールの明細などでもあれば状態がよいことの証明になる。売却は、ブランドショップより、時計に詳しい「質店」のほうが高く買ってくれる場合がある。

ワイシャツ

安くても品質の良いものが増えてきた流通の秘密

スーツとともに、サラリーマンの「戦闘服」といえるのがワイシャツ。もともと「ホワイト・シャツ」が転じてワイシャツになったのだが、今では、黄色いシャツも、ストライプのシャツもワイシャツと呼ばれている。

夏場などは、毎日替えなければならないし、いつも「バリッ」としていないと、性格的にも「だらしない」のではないかと評価されてしまうので、つねに洗濯ずみのワイシャツを用意しておかなければならないのがサラリーマンの心得だ。

このワイシャツ、1枚4000円程度の商品の原価は800円くらい。原価率20％だから、これは儲かるのかというとそう簡単ではない。原価は800円でも、そこに生地問屋、製品問屋、アパレルメーカー、そして小売店とたくさんのクッションが流通過程で入る。そのため、約1100円程度の中間マージンが加わって、小売店の仕入れ値は1900円程度になる。

小売店は、この1900円の仕入れ値に、店舗の家賃、光熱水費、バイトなどの人件費、そして、汚損、破損などの「ロス率」を差し引いて、さらに売れ残るリスクを差し引くと、価格4000円のワイシャツでの利益は、1枚につき1000円程度となる。

ワイシャツをはじめとして中国製の衣料品は、縫製に問題があって、ほつれていたり、袖丈が異常に短かったり、長かったり、材質が悪かったり、1回洗濯しただけで変形するといった品質の問題が非常に多い。

購入したお客さんからクレームが入って返品されるというリスクも考慮しなければならない。生地が薄くて、何度か洗濯すると、生地が破れてしまうというケースも珍しくない。

自社で中国に契約工場を作って、大々的に生産し、クオリティの管理も中国現地で日本人が徹底して行うという量販チェーンの方式であれば、品質が向上して、おまけに中間流通コストが削減される分、価格を下げることができる。

ワイシャツの例では、中間コストが商社の仲介料の5％程度のマージンだけに抑えられるので、利益の幅がその分、拡大するのだ。

ミネラルウォーター

単なる水が、なぜ限りある資源・ガソリンよりも高い？

ミネラルウォーターを買って飲むという習慣は、30年以上前の日本にはほとんどなかった。お茶ならまだしも、水にお金を出すという発想がなかったのだ。一部のコーヒー通が、「このコーヒー豆には○○というヨーロッパのミネラルウォーターが合う」などといって、コーヒーをドリップしていたくらいのものだった。

しかし、今となっては、「水は買って飲むもの」ということが常識になった感がある。日本では地域によっては、水道水をそのまま飲んでもおいしいのだが、街を闊歩しながらミネラルウォーターを飲むというのが、一つのファッションとして成立しているようにも思える。

ミネラルウォーターは、こんこんと湧き出す地下水をそのまま原料とすることが多い。とくにEU（欧州連合）の基準では、除菌も加熱もしていないもの以外、「ミネラルウォーター」とは認められないほど厳密だ。採水してろ過し、ボトルに入れるだけだが、そのコストは2リットルのボトル1本あたり40円～80円といわれる。ボトル代と包装に30円程度かかり、そこに、輸送、保管コストがかかる。原価率は、国産の2リットルボトル＝定価200円くらいのもので40％前後になる。

ミネラルウォーターを持ち歩く人は、当然ながら重い2リットルのボトルは持たず、500ミリリットルボトルを持ち歩く。500ミリリットルのボトルは、130円前後で2リットルよりかなり割高だが、外出先で飲むミネラルウォーターは、こちらになる。この価格は、1リットル110円～120円のガソリンの倍以上の値段だ。それでも、街角でも、駅のホームでも、500ミリリットルのミネラルウォーターは、熱中症対策のためにも夏場には欠かせないものだ。

日本でミネラルウォーターのブームのきっかけを作ったのは1983年に「六甲のおいしい水（現・アサヒ　おいしい水　六甲）」を製品化したことだった。発売元はカレーのメーカー。ある時、関西地域で、夏場になるとカレーがおいしく作れないというクレームが増えた。調べてみると夏場は、上水道の水質が低下するために化学物質が多めに投入されることが原因だとわかった。そこで、六甲山から湧き出た水を製品化したところ、大好評を得たのだ。

Tシャツ

激安Tシャツは「こんな場所」で作られている

Tシャツは、ほぼ下着のようにして着ている人が多いのではないだろうか。そのため、毎日着替えるものとなっている。したがって、Tシャツの所有枚数もそれなりの数が必要だ。下着代わりなので、さほどデザインなどにはこだわらず、中国製でも快適で安ければかまわない。ディスカウント店では、1枚500円くらいからTシャツが売られ、100円ショップでも100円（税別）で売られている。

ただし、衣料品の素材と品質、縫製のレベルは、当たり前だがピンからキリまである。生地は糸（撚糸）の品質によって変わり、いい糸で作ればいい生地になるのは当然のこと。そして、原価もその原材料と手間によって高くなる。そのためTシャツ1枚の原価は、50円から300円と幅広い。タグや包装を除いた原価で、日本製なら1000円のTシャツの原価は300円前後だ。

Tシャツにも、ベルサーチやアルマーニ、バレンチノといったブランドものもある。

そういうブランドものでも、アウトレット店では30％～70％オフで売られる。こういう品は、縫製に問題があったりするB級品か、さもなければ東南アジアのライセンス工場で生産されたものだったりする。

香港あたりで売られている3枚1000円程度、1枚につき333円という激安のTシャツは、ほとんどが中国か東南アジア製だ。現地で大量生産し、業者が直接買い付けることでこの価格でも利益が出る。原価は1枚50円を切るくらいになる場合もあるだろう。100円ショップで売られるTシャツは、このレベルより、さらに原価が抑えられている。

ただし、中国の労働事情としては、すでに労働者の賃金が上昇してしまったので、採算が合わなくなりつつある。日本企業が進出した以外に、台湾や韓国の企業も中国でさまざまなものを製造していたが、このところ他の国に工場の拠点を移しつつある。アジアではベトナムやタイ、ミャンマー、または、コロンビアなど中南米に製造拠点がシフトしつつある。日本で売られる激安Tシャツなど衣料品が、地球の裏側の国々で作られて、はるばる海を越えて運ばれてくるというのも、ちょっと不思議な感覚があるのではないだろうか。

価格を跳ね上がらせる2つの大きなコスト

化粧品は、医薬品と同じく、一部の商品が「指定再販商品」とされていた。そのためメーカーの影響力が今でも強い。指定再販商品は、過剰な安売りや詐欺的商法を防ぐ名目で値引きが禁止され、定価での販売が定められていた。現在は、著作物（書籍、新聞、雑誌、音楽CD）の他は、指定が取り消されている。

大手化粧品メーカーは、この指定再販商品だった頃の名残もあって、系列の販売会社を持っている。「販社」というが、この販社を通して商品を小売店に納入する。販社はメーカー価格の60％で仕入れ、小売店に70％で納品する。小売店は30％の利益が上げられるが、化粧品は、ここから販売システムが複雑になる。

小売店の売り上げに応じて、メーカーから割戻金が戻るのだ。一定の売り上げを確保すれば仕入れ価格が下がったのと同じことになる。最大15％程度は利益を増やすことができる。すると、小売店としては最初から安売りをすることでお客さんを呼びたくなる。「何十%割引」とは表に出さず、「レジにて割引」とか「ポイント進呈」というやり方で、事実上の「バーゲン」を行う。

さらに、1カ月につき200万円程度など一定以上の売り上げがあると、化粧品メーカーが販売員を派遣してくれる。メーカーにもよるが、「美容部員」と呼ばれるメイクアップのアドバイスができる化粧品のプロを派遣して、小売店で「体験メイク」としてお客さんに無料でメイクを行い、集客と販売促進に貢献してくれる。人件費はメーカー持ちだ。

かつては、化粧品店での買い物というと、必ずなにか「景品＝営業ツール」がお客さんにプレゼントされたものだ。お客さんは、景品のほうが目当てだった人も多かった。この商法は、お客さんの受けを狙ってエスカレートしがちで、商品価格に景品のコストが最初から乗せられてしまうケースもある。

デパートの化粧品売り場は、「インショップ」と呼ばれ、対面販売でお客さんにメイクアップのアドバイスも行う。インショップの販売員は、モデル並みの容貌の人が多く、それに応じて人件費も高い。この複雑な販売システムのコストとテレビCMなどにかかる多額な宣伝費用が、すべて化粧品の価格に反映されるのだ。

ビンテージ・ウェア

買い付けは「コンテナ1基」単位のギャンブル商売？

擦り切れかけたジーンズやレザー・ジャケットを颯爽と着ている人を街で見かける。多くの場合、新品の状態からその風合いが出るまで使い込んでいるのではなく、最初からその状態のビンテージ・ウェアを買っている。

中には、伝説的なデザインの「ビンテージ・ジーンズ」で数十万円から100万円以上するものもある。こういったビンテージ・ウェアは、東京なら原宿、青山の近辺、大阪なら心斎橋あたりのビンテージ衣料専門の店で売られている。高値で売れるアメリカ製のビンテージ・ジーンズは、現地に直接仕入れに行く。

アメリカは、ジーンズの本場でもあり、ビンテージ・ウェアの本家本元だ。流通しているビンテージ・ウェアの量も膨大で、その倉庫は、ジェット旅客機が格納できるほど巨大だ。そこに5メートルから7メートルくらいの高さでジーンズが山積みにされ、そのどこかに10万円以上するようなお宝ジーンズが埋もれている。

中には「デッド・ストック」と呼ばれる、50年以上眠っていたような「新品」のビンテージ・ジーンズが埋もれていることもある。デッド・ストック・ジーンズは、時々「教会のバザー」などで「古着」として安値で売られていたりするそうだ。家族のだれかが50年前に買ったけれど、サイズが合わなかったので一度も着なかった、などの事情でクローゼットの奥で忘れ去られていた新品ジーンズが、タイムスリップしたように日の目を見ることがよくあるという。

ビンテージ・ウェアを買い付けるバイヤーは、巨大倉庫の在庫を買うのだが、いちいちジーンズの山を掘り起こして商品を見定めるわけにはいかない。その山の「ここからここまで」というアバウトさで、コンテナに積み込んで日本に船便で送る。

コンテナ1基で、日本円にして運賃込みで15万円~20万円だ。その中に、どんなお宝が入っているかは、日本の倉庫に到着後、仕分けてから初めてわかる。

デッド・ストックのジーンズになると、80年代のバブルの頃には日本で数百万円の値段がついていたこともあり、今でも10万円~30万円前後のものは珍しくない。そんな掘り出し物がコンテナ1基に2、3本でも入っていれば、バイヤーは元が取れる。残りもののジーンズは1本数百円から1000円程度で古着屋に卸すのだ。

マンション

マンションの価格は「土地」とコレで決まる

マンションは、基本的な建築仕様で、耐震性能その他の機能が整っていることを前提にすれば、価格を最終的に決定づけるのは「土地の価格」だ。

時期によって変動はするが、東京都内で一般的な「3LDK」のマンションで、地盤に問題がなく通常の仕様で高層ではない場合、1戸あたりの原価は約500万円というのが建築業界の見方だ。コンクリートと鉄筋、鉄骨の値段は、そんなものということ。そこに人件費と工賃が上乗せされる。数千万円というお金は、そのほとんどが「そこに住むのだ」という満足感のための投資なのだ。

もう一つ、マンションを購入する方々が知っておくべきことは、新築マンションは購入したら「中古」になるということ。購入して入居したら次の日には最初の購入時の不動産価値はなくなってしまう。極端にいえば、区分所有の土地価格を除けば、「都心の億ション」も本当のところ500万円程度の価値になるのだ。

マンションの完成後、完売できなかった不動産業者が「価格破壊」という違反すれすれの表現で「家具付き2500万円」などとディスカウントすることがある。この「価格破壊」という表現は、「日本一」、「超特価」などと同様、根拠が示せない場合は広告に使うことが禁じられている。なぜ、そんな違反すれすれの宣伝をするのかというと、実は、完成後、時間がたつにつれてマンションの価格はどんどん下がるからだ。マンションは、完成から1年が経過すると、「中古扱い」になってしまう。逆にいうと、売れ残りのマンションは1年たつ頃が狙い目ということになる。ただし、住宅ローンの扱いも「中古物件」の契約条件になるので注意が必要。

都心の億ションというと、20階建てくらいの高層マンションが思い浮かぶ。区分所有のマンションの土地は、単純にいって10階建てに比べて20階建てでは、1戸あたりの土地価格が2分の1になる計算だ。

ところが、マンションは高層のほうが高級イメージがあり、価格も高く設定される。その最大の理由は、10階建て以上の建物は建築基準が厳しくなり建設コストがかかることだ。また、日照権問題も起こりやすい。建設によって日陰になる住戸への補償コストなども加わる。これらが高層億ションの価格が高くなる理由だ。

薬

「ジェネリック医薬品」。低価格なのに、本当に中身は同じなの？

薬の値段は、研究開発費の大きなコストから設定される。また、開発されても製品化には至らず消えていくものもあるという。そのために薬の値段は、比較的高く設定されていたのだが、1997年に価格を維持するための「指定再販商品」からはずされたことで、薬の安売りが可能になった。

激安の薬局チェーン店が急速に展開し始めたのはその影響だ。また、コンビニでも医薬部外品の栄養ドリンクなどが販売されるようになって、医薬品の販売も規制改革が進んでいる。

最近よく耳にするのが、「ジェネリック医薬品（後発医薬品）」という言葉だ。これは、新薬の特許期間が過ぎた後に、同じ成分・効能の薬を他社が製造し、安価に提供している医薬品の総称だ。新薬の開発には莫大なコストがかかるので、新薬の発売から20年～25年間は、開発した製薬会社が製造・販売の権利を特許によって独占することができる。一方で、その特許の期限さえ切れれば、だれでもその薬を同じ製法で作って販売してもよくなる。

ジェネリック医薬品の価格は、厚生労働省が元の「新薬」の価格の20～80％と定めているので、場合によっては元の新薬の5分の1の価格で、同じ薬効の薬が販売されることになる。医師に、「ジェネリック医薬品を選択したい」と伝えて、割安の薬を処方してもらえば、医療費もずいぶんとカットできる。

これは、国民医療費などの増加を抑えることになり、税金の負担を減らすことにもなるので、ぜひとも国を挙げて推進するべきなのだ。医療費の7割を国が負担し、結局、税金が注ぎ込まれている現状がある。

ジェネリック医薬品のシェアは、欧米各国では著しく伸びている。アメリカでは92％、ドイツで83％、英国で73％、スペインで65％、フランスで64％（2014年。数量ベース）という数字から、ジェネリック医薬品を選択することが、世界では常識となっていることがわかる。ところが、日本ではジェネリック医薬品は、いまだに30％程度しか利用されていない。日本でも医療費抑制のためにも、ジェネリック医薬品の使用をもっと拡大するべきなのだ。

タバコの原価

タバコ1本ごとに払うこれだけの税金

タバコを吸う男性は減る一方で、反対に女性の割合は増えているようだ。女性の社会進出が増加している影響だろう。男性の喫煙減少の一因は、生活費切り詰めだといわれる。タバコ代を削って昼ご飯を豊かにしようということかもしれない。

タバコの値段は、「税金のかたまり」だ。1箱20本入り、440円のタバコの内訳は次の通り。「地方たばこ税＝122・44円」、「国たばこ税＝106・04円」、「たばこ特別税＝16・40円」、「消費税＝32・59円」。「たばこ特別税」ってなんだろうと思ったら、なんと、日本国有鉄道清算事業団と国有林野事業特別会計の負債＝借金を一般会計に入れる際に生まれた負担を補うために1998年に創設された税金だった。

つまり、旧国鉄の赤字と林野事業の赤字を埋めるために喫煙者が税金を払っているということだ。結局、タバコ1箱の税だけで280円近く。原価は70円程度でほとんど税金。できれば、やめるに越したことはないようだ。

1箱20本入り、440円のタバコの内訳

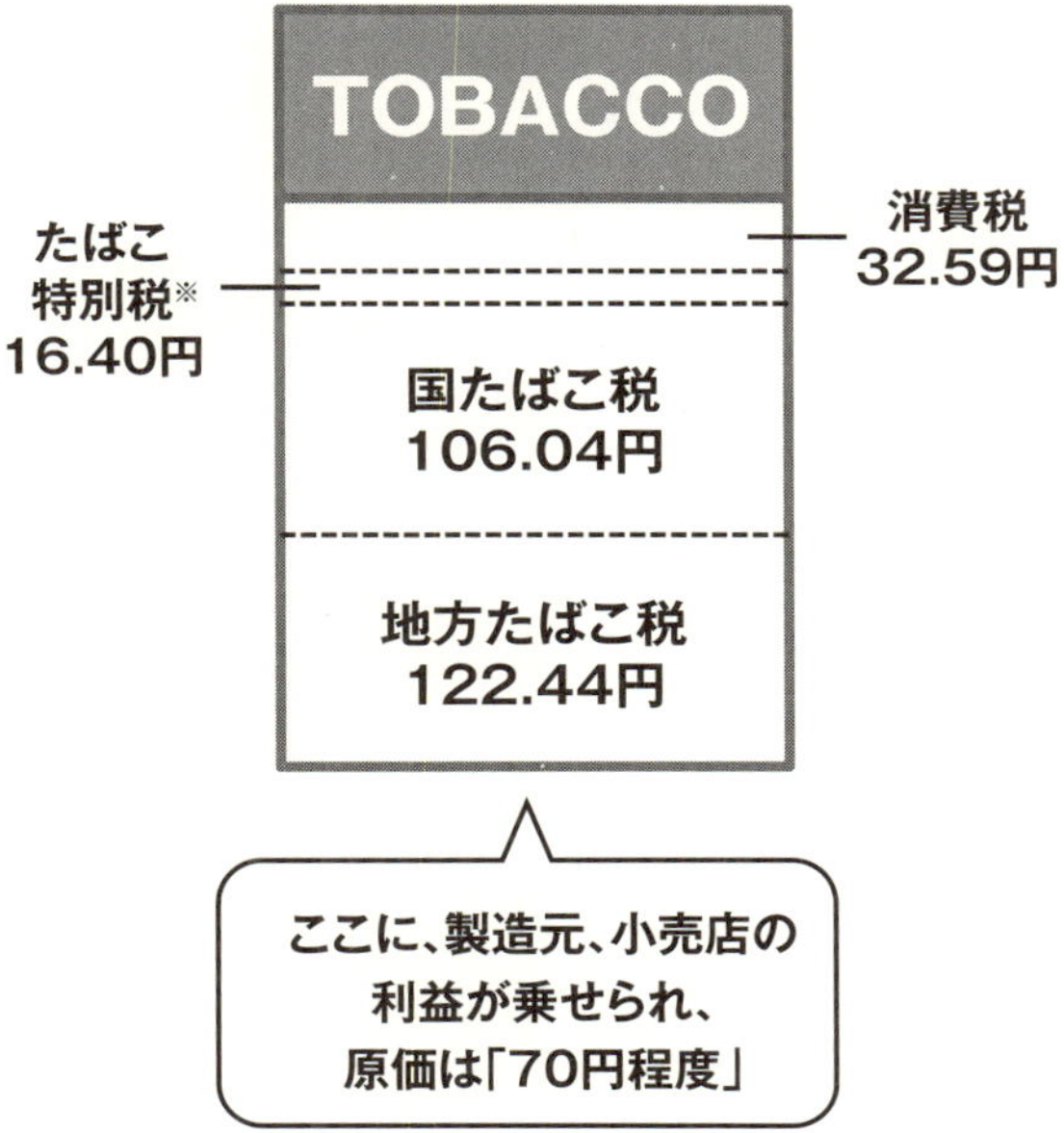

※「たばこ特別税」とは、日本国有鉄道清算事業団と国有林野事業特別会計の負債＝借金を一般会計に入れる際に生まれた負担を補うために1998年に創設された税金＝旧国鉄の赤字と林野事業の赤字を埋めるための税

打ち上げ花火

夏の一夜を彩る「ド～ン！」一発の原価

夏の夜を最高に盛り上げてくれる花火大会。花火はきれいだが大会の運営コストは億単位だという。いったい、なににお金がかかるのだろうか。

例えば、予算が1億円きっかりとして考えてみよう。まず、必要なのは大会のメイン会場の設営コスト。スタンド設営など会場の規模によるが500万円～1000万円はかかる。

大事なのが、当日の警備態勢。過去に混乱によって死傷者が発生したこともあるので、万全の警備計画を立てなければならない。警察との連携はもちろん、警備会社の警備員の人件費だけでも100人で600万円～800万円。警備本部の設営や弁当代、警察・消防それぞれの仮設本部、それぞれの弁当、連絡・警備車両手配などで合計1500万円は下らない。

広告・宣伝費、主催者本部経費などを除くと、花火師に払うことができる予算は

6000万円というところ。花火師も人件費、運搬費、関係者へのご祝儀などを算入しなければならず、花火そのものには4000万円くらいしかかけられない計算だ。これで、どれくらいの規模の花火を打ち上げられるだろうか。

大会のラストを飾る巨大なスターマインは、3尺玉（＝直径約90センチ）でも1発100万円～150万円で打ち上げられる。普通の玉では、玉の大きさが直径約14センチ、上がった花火の直径が約70～90メートルくらいの「3号玉」で約5000円。玉の直径約17センチ、花火の直径約220メートルの「6号玉」で約1万6000円、玉の直径約30センチ、花火の直径約320メートルの「10号玉（尺玉）」で5万円～6万円というところだ。仕掛け花火の「ナイアガラ」は、1メートルあたり約3000円で、全長200メートルで60万円。

ということは、ラストの3尺玉を2発300万円としてナイアガラ200メートルを加え、残りを1発平均8000円として計算すると4500発ほど打ち上げることができる。これでは打ち上げ数としては少ないが、花火師と相談すれば「パック料金」で数を増やしたりすることも可能なようだ。東京の隅田川花火大会は2万発だというから、夏の一夜を彩るのにもそれなりに予算がかかるのだ。

宝石・金発掘

宝石や金を掘り当てるコストは、意外とお手頃？

日本はかつて「黄金の島ジパング」と呼ばれた金銀財宝たっぷりの国だった。実は、今でも日本では「金山」が掘り当てられるなど、お宝が地面の下に眠っている。

そんなお宝を探し当てる方法がいくつかある。その一つが、新潟県の海岸で「ヒスイ」を拾う、という手。新潟県糸魚川市（旧・青海町《おうみまち》）や富山県朝日町《あさひまち》の海岸で、ヒスイを見つけることができる。地元の人たちは当然よく知っているので、海岸の周辺で聞いてみれば拾ったことがある人も見つかるだろう。

海岸で見つかるヒスイは、上流の岩山から流れてくる。波が大きい日に海岸に打ち上げられるという。海が荒れた翌日、天気のいい日は、早朝からヒスイ探しの人が海岸に出ている。ヒスイ以外にもメノウやガーネットなどの宝石が見つかることもある。もちろんコストは「ゼロ」だ。

秋田県鹿角市《かづのし》にある閉山した鉱山・尾去沢《おさりざわ》鉱山は、史跡として「砂金採取」「天然石掘り」などの体験ができる。実際に、砂金を見つければ持ち帰ることができる。砂金採取は、おとな800円、中学生以下600円（30分間）。この鉱山が発見されたきっかけも砂金の発見で、今でも採れるそうだ。

天然石掘りは、ゲームのようなもので、砂の中に埋められている水晶、トルマリン、ガーネット、メノウなどを掘り出すという体験イベント。こちらも見つけた石は持ち帰ることができる。料金は550円から（20分間）。

福島県西会津町の宝坂の旧鉱山では、天然のオパールが見つかる。ただし、山は個人所有なので、入山料を払って鉱山跡の付近を掘る。宝石級のものはなかなか見つからないのが現実だ。

山梨県南巨摩郡身延町《みなみこまぐんみのぶちょう》にある湯之奥金山博物館でも砂金採取体験ができる。おとな600円、中学生500円。かなり大粒の砂金が何粒も見つかるようで、50粒以上採取した人もいるという。入館料500円が別途かかるが、元が取れそうだ。

山梨県甲州市（旧塩山市）の竹森山では、かつては水晶が採取できた。この山も個人所有で、前もってOKを取れば入山させてもらえたそうだが、10年ほど前に入山禁止となっている。

ノーベル賞の賞金

ある賞だけ税金が取られるって知ってた?

ノーベル賞の受賞者が毎年のように日本から生まれるのは誇らしいことだ。スウェーデンでの授賞式の華やかさにも目を奪われるが、同時に、「賞金はいくらくらいもらえるのだろう?」とついつい考える。賞金は、2011年までは一つの賞に1000万スウェーデン・クローナ(約1億5000万円)だったが、2012年からは800万クローナ(約1億2000万円)になっている。物理学賞や化学賞では複数(3人まで)の研究者が受賞することが多いが、3人で受賞した場合、800万クローナを3等分することになる。つまり、1人約4000万円ということだ。

さて、この賞金には税金はかかるのだろうか。答えは「たいていの場合、かからない」だ。所得税法で「ノーベル基金からノーベル賞として交付される金品」には所得税を課さない、となっている。副賞の金メダルも非課税ということだ。ただし、経済学賞だけはスウェーデン国立銀行が賞金を出すため課税対象になる。

ノーベル賞の賞金はいくらくらい？

ノーベル賞は「5+1分野」

物理学　化学　生理学医学

文学　平和

アルフレッド・ノーベルの遺言に従って始まった5分野

経済学

経済学賞は、1968年にスウェーデン国立銀行の働きかけで後から設立された

ノーベル賞の賞金

1分野につき…

800万クローナ

（＝約1億2,000万円）

1人で受賞したらまるまる受け取れる

複数人の同時受賞なら頭割り

A　B　C

4,000万円　4,000万円　4,000万円

「秘書」という名は同じでも、ピンからキリの給料事情

日本の国会議員は、歳費として決まった額を受け取っている。しかし、あまり知られていないのが議員秘書の給料だ。というのも、議員秘書そのものにいろいろなパターンがあるからだ。

国会議員秘書には、国から費用が支給される公設秘書と、議員が個人的に雇用する私設秘書とがある。公設秘書の給与は、「国会議員の秘書の給与等に関する法律」でしっかり決められている。

公設秘書の中で、一番高い給与をもらえるのが「政策担当秘書」。議員が法案を作ったり、政策を考える時に直接サポートする役割となっていて、最高で、年収1000万円になる。

政策秘書と呼ばれるこの役職は、特別職国家公務員だ。1993年の国会法改正で導入され、議員立法を進めるために設置された。国家試験に合格するなどの条件

をクリアしなければならない難関だ。

その次に高給なのが「第一公設秘書」で、年収は、500万円から700万円前後になる。次に高給の「第二公設秘書」は、年収で、400万円から500万円くらい。給与の他に、住居手当、通勤手当、期末手当などが支給され、退職時には退職金の制度もある。

私設秘書は、文字通り国会議員がいわば自分のポケットマネーで雇用する秘書なので、給与のレベルもかなり下がる。低い例では年収で200万円に達しないアルバイト程度の給与の場合もあるという。

国会議員の秘書は、議員が選挙で落選すれば失職するという不安定な身分だ。ただし、例えば、2012年暮れに民主党が政権を失い、自民党政権が復活した時には、多くの元民主党秘書が自民党議員の秘書になった。逆にいうと、優秀な秘書は、引く手あまた。

実際の議員秘書の仕事では、政策秘書の法律立案能力より、地元対策能力のほうが重視される傾向が強い。冠婚葬祭対応、就職斡旋、夏祭りのあいさつといった仕事のほうが多いが、そこからたたき上げて実力をつけて敏腕秘書となる人も数多い。

5章

賢いお客は知っている！

学校じゃ教えてくれない本当の原価

100円ショップ

原価割れのお買い得品、二束三文の落とし穴商品

100円均一ショップに並ぶ数々の商品、以前に比べるとかなり商品のグレードが上がっていると感じる。原価率も高そうなものが、よく見ると相当あるのだ。

100円ショップが出始めた頃は、いわゆる「バッタ商品」と呼ばれる、倒産した会社の投げ売り商品などが結構見られたが、今は、スーパー、コンビニと商品のグレード、品ぞろえの面で引けを取らない。

しかも、その原価率は、かなり高めになっているようだ。例えば、コンビニで200円前後で売られるメーカーものの「インスタント焼きうどん」、「ペットボトルのお茶」などは、原価は90円程度。つまり、100円ショップでの原価率90%ということだ。各メーカーのカップ麺なども原価は80円台なので、原価率が高い。

原価率が30%以下と低く抑えられているものは、やはり中国製のファッション小物、ライターや繊維製品など雑貨類だ。

買う側としては、原価率が高いものを買ったほうが得だ。一方で、100円ショップだから全部安いのだろうと思うとそうでもなくて、よく見ると、スーパーで80円～90円前後で売られているレトルトカレーやカレーの缶詰め、パックの漬け物、インスタント味噌汁などが、100円ショップでは、当然ながら100円（＋消費税）で売られていて、一種の「逆転現象」のようなこともある。

やはり、買うとしたら原価率が高い「カップ麺」の類が100円ショップではお得な商品となる。意外に「キャラクター商品」がいろいろ売られているが、これも「お得」の部類に入る。使用権料、著作権料がかかるため、原価は高いのだ。また、アルカリ乾電池は、例えば、「単3電池4本」で100円というのがある。これは、中国製などの格落ち品でなければかなりお得だ。

トータルして、100円ショップの商品は、原価率がかなり高く、あまり儲からないように見える。それでも利益が確保できているのは、中国、東南アジア製の雑貨、小物をお客さんがついでに買ってくれるからだ。また、大手の100円ショップは、自社ブランド製品が大きな割合を占めるようになっている。売れ筋の商品を自社で供給することで需給が安定し、経営が成り立っているのだ。

カレンダー

事情通だけが知っている賢い買い方

カレンダーは、部屋の中にあるのが当たり前で、これがなくなると、とてつもなく不便であることがわかる。今月の25日は何曜日だろう、とか、月末の銀行は何日まで開いているんだろう、といったことを、日常で意識することはあまりないが、瞬時にカレンダーに目をやって、確認しながら生活しているものだ。

そんなこともあって、毎年、年末になると、多くの人が「翌年のカレンダー」を手に入れようと考える。商店などが宣伝用に作って無料で配布しているものの中にもなかなかいいデザインのものもある。ところが、書店や文房具店でカレンダーを買おうと思うと、1500円~2000円くらいするので、なんとか無料で手に入れられないかと探すものだ。最近、流行りのカレンダーは、猫や犬の動物写真のものや、世界遺産などの風景のカレンダーだろう。名画や浮世絵のものも人気だ。タレントのカレンダーの中には、3000円以上というものもある。タレントもので、毎日違う「名言」や「応援メッセージ」が書かれている、というタイプの「日めくりカレンダー」も好評を博している。

こうしたカレンダーでも熾烈な商戦がある。1カ月1枚で12ページ（表紙をつければ13ページ）のカレンダーで、12枚の写真をあしらった場合、8000部印刷して、紙代、印刷費で約200万円かかる。デザインと写真使用料、制作経費で150万円。その他、営業費などの諸経費50万円を合計すると、制作費全体では約400万円かかるのだ。

書店には、取次を通して70％前後の仕入れ値で卸すので、1500円のカレンダーの卸値は1050円。もし、これがすべて完売すれば、売り上げは840万円で、経費の400万円を差し引いて440万円の利益となるが、今時、1500円のカレンダーはなかなか売れない。実際の売り上げとしては、印刷した半数の4000部が売れればいいほうだ。ところが、それでは商売にならない。

そこで、カレンダーは、年が明けると毎年「半額セール」を行う。半額になれば、結構、売れ行きもいい。そんなわけで事情を知っている人は1月中旬くらいまで、カレンダーを買い控えているようだ。

居酒屋

生き残りをかけたコストダウンは、「このお酒」で

居酒屋チェーン店の過当競争は日増しに激しくなっている。経営内容が危機的だからといって、アルバイトの勤務時間など労働条件を厳しくすると「ブラック企業」といわれてイメージダウンしてしまう。コストカットのしかたが、今日ほどむずかしい時代はなかったかもしれない。

そんな中でも、順調に営業成績を上げている居酒屋チェーンもある。その秘密は、いくつかあるが、メニューでいえばなんといっても「サワー類」で勝負するということだろう。居酒屋の飲み物は、主にビール、焼酎、サワー類が看板メニューだ。

一般客からすると、ビールが一番人気なのではないかと思うかもしれないが、実は、サワー類が最も注文されている。レモンサワー、酎ハイをはじめとするサワー類は、ウーロン茶、グレープフルーツ、シークワーサーなどから、豆乳サワーなどの変わり種まで数十種類用意されている。レモンサワーには、氷がたっぷり入れられ、焼

酎の原価は約20円程度。そこに、原価30円ほどのレモン液を入れる。350円のレモンサワーの原価は、人件費を入れても合計100円程度なのだ。

日本酒は、有名な地酒などの場合、好きなお客さんは多少高い価格設定でも注文する。これらにはかなり多めの利幅が乗せられている。一方、居酒屋で出されるとっくり酒には、かなり割安な酒が使われるが、これも、あまりグレードが下がるとお客さんが離れてしまう。コスト的にはどうしても一定のレベルから落とすことができないので、飲み物全体のコストを下げるにはサワー類で稼ぐしかないのだ。

居酒屋が、時々「期間限定。生ビール半額！」といったセールをやるが、これは、ビール会社とタイアップして行われることが多い。その期間中に提供されるビールは一定量、ほぼ「タダ」にされるということがあるのだ。その期間中に客足が増えれば、居酒屋にとっては、それがそのまま増収となる。ただし、この「サービスセール」は、期間中、日本酒がまったく出なかったりという「副作用」も起こす。また、「生ビールサービス期間」が終われば、客足がぱったりと途絶えるということもある。

居酒屋の経営は、やはり、週に何度か訪れる固定客をいかに確保するかということがなによりも大切ということだろう。

スーパー「底値」

「本日限り、激安!」は本当にお買い得か

スーパーのチラシに「本日限り、激安!」などと書かれていると、これは買い逃してはならない、と思ってしまうが、それが本当に「お買い得」なのかどうか、いったん冷静になって見直す必要がある。「激安商品」が、本当に他店より安いのかどうか、複数の店のチラシを見比べてみなければわからない。実際、他店では、それがいつもの値段、ということもよくあるのだ。

本当に「激安」かを確かめるためには「底値リスト」を作るのが賢明だ。「○○スーパーでは、何月何日に、タマゴ10個パックを130円で売っていた」、「××ストアーでは、メーカーもののしょうゆ1リットルを100円で売っていた」という、「最も安値の販売価格リスト」を作ることで、スーパー各店が、本当に「激安」にチャレンジしているかどうかがわかる。

自宅に近いというだけの理由で、つねに一つだけのスーパーを利用していると、

他の店舗と比べるとかなり「高い買い物」をしていることに気づかないこともある。そのスーパーのプライベートブランド（ＰＢ）ではなく、一般的なメーカー品であれば、仕入れ価格には大差がないはず。それなのに、「激安価格」レベルに差が生じる。それが「底値リスト」によって浮かび上がるのだ。

しょうゆ、味噌、レトルト食品、インスタント食品などは、賞味期限が長いので在庫が多い商品だ。そのため、期限が迫ると「激安」で売られることが多いが、その「激安」価格も、店によっては、他のチェーン店よりかなり「高め」の価格で売られていることがある。その店が、ふだんから商品全体に他店より高めの価格設定をしていれば、割高な価格になっていても気づきにくい。

もう一つの問題は、「激安チラシ」を見て、早速買いに行ったら、その商品は早々と売り切れていたということが結構ある。そういうときには、店の人に抗議したほうがいい。とくに、ボックスティッシュやトイレットペーパーでよくそういうことが起こる。要するに「客寄せ」で、チラシに載せたことには後ろめたさがあるので、同等の品を「激安価格」にしてくれる可能性が高い。レジ担当の社員の判断で「値引き」してくれることもあるのだ。

カクテル1ショット

原価80円のジントニックが1000円に化けるワケ

都会の夜を彩るネオンサインの数々。行き交う車のヘッドライトを見下ろしながら、カクテルをグッとのどに流し込む。そんなハードボイルド的な気分に浸れるのがカウンターバーの魅力だ。

そんなカウンターバー、カクテルを1ショットで注文するショットバーの雰囲気は捨てがたいが、カクテルの値段は、ちょっと高いなと感じる。少なくとも「今夜は、ショットバーで酔いつぶれるまで飲もう!」と考える人はあまりいないだろう。

ショットバーのカクテルに比べて、極端に安いのが居酒屋のカクテルだ。昔は、居酒屋というと、ビールにチューハイ、日本酒にホッピーくらいしかドリンクメニューがなかったが、今では、バーに匹敵するくらいのドリンクがそろっている。ジントニック、スクリュードライバーに始まって、ソルティドッグ、カシスソーダ、モスコミュール、マティーニなどなど、充実のラインナップだ。

カウンターバーでは、安くても1杯800円から、お高い店だと1300円～1500円くらいはするカクテルが、居酒屋では300円～500円程度で飲める。もちろん、周りの雰囲気もドリンクのクオリティもずいぶん違う感じだが、いろいろな味を楽しんで「酔う」という目的であれば、この選択肢も考えられなくはない。

かといって居酒屋のカクテルに使われるお酒が極端に低価格ということではなさそうだ。もともとカクテルに使われるアルコール類は、さほど高価なものではない。ジントニックでベースになっているジンは、一般的な銘柄の720ミリリットルボトルでせいぜい800円程度。カクテル1杯に使われるジンは30ミリリットルなので、ボトル1本で24杯のカクテルが作れる。1杯分のジンの原価が約33円、トニックウォーターが40円前後なので、ジントニックの原価は80円以下だ。

カウンターバーのバーテンは、グラスと氷を用意して、カクテルを作って提供するわけだが、それだけではない役割も果たす。カウンターバーには、バーテンと会話を楽しむために来店するお客さんも多いわけで、バーテンの存在そのものが「店の看板」となる。バーテンのお酒に関する知識は膨大なもので、その講釈を聴きながら飲むカクテルも、また居酒屋とはまったく違う価値があるのだ。

カレーショップ

なぜ、カウンター席の椅子を高くしているのか

お子様からOL、サラリーマンまで、洋食で好きなメニューといえば、まず挙げられるのがカレーだろう。

カレーショップは立地条件さえクリアしていれば、出店して失敗することは少ない。ラーメン屋のように、夏場は不入りといった季節による客足の変動もあまりなく、通年、お客さんの入りが確保できるからだ。

カレーチェーンの400円台前半の基本的なカレー（ポーク、チキン）の原価は、130円〜160円程度が一般的。その内訳は、カレールー（ソース）が80円〜100円、ご飯が50円〜60円程度。ご飯はいろいろグレードがあるが、輸入モノから国産の古米など。ここで原価が調節される。

ただ、ご飯の味が落ちるとお客さんが二度とリピートしないので、一定のレベルが必要だ。

メニューの原価率は30％台前半になっている。基本的なカレーだけでは利益率が低いので、トッピングのトンカツやビーフカツ、エビカツ、ゆでタマゴ、納豆などをお勧めして追加してもらう。こうしたものはセントラルキッチン（基礎的調理をセンター工場で行う方式）で製造してコストを抑えることができるので、利益率は飛躍的に上がる。

カレーショップが強い理由のもう一つは、カレーは急ぐときにかなり早食いできることだ。早い人は数分で平らげられる。このため、お客さんの回転率は、ラーメン店や牛丼店よりよくなる。カレーショップのカウンター席は、椅子が高く作られていて、くつろぐ雰囲気ではないことも回転のよさに拍車をかける。

カレーショップに限らないが、ウラでのコストカットもシビアに行われている。昔は、飲食店のスタッフは、だいたい好きなメニューを無料で、昼食などとして休憩時間に食べることができたものだが、今では有料のところのほうが多い。販売価格の3割引とか、半額という金額を負担して店のメニューを食べている。つまり、「まかない」も有料化で売り上げに貢献しているわけだ。

水回りの修理

自分で修理すれば「数百円」のコストなのに……

戸建ての家もマンションも、築30年を過ぎるといろいろなところにガタがきて、とくに水回りにトラブルが発生しがちになる。

「水回り」のトラブルというのは現代生活の一つの盲点で、ふだん何気なく使っている上水道やトイレに問題が発生すると、途端に「文明生活」に支障をきたす。水道が使えなくなれば、料理もできず、したがって食事ができなくなり、風呂にも入れない。これは文明社会最大の弱点だ。

水回りの修理サービスのテレビCMが大量に流れているが、水回りの修理だけで、数千万円かかるCMを放送するほどの収益が上がっているとは考えにくい。

問題は、修理の原価だ。水回りの修理には思ったほどコストがかからない。例えば、トイレの詰まりなどは1万数千円からの料金がかかるが、実際には、ほとんどの場合、「ラバーカップ」と呼ばれる器具があれば直せてしまう。いわゆる「スッポン」などとも呼ばれるゴム製の大きな吸盤のような器具だが、これは、雑貨店で1500円程度で売られているもの。これで「スポスポ」とやると、案外簡単に詰まりは解消して直ってしまうので、原価はかなり低い。人件費だけといってもいいだろう。

水道の蛇口からの水漏れも、実は、自分で修理することはさほど難しくない。戸建てなら屋外、マンションなら玄関の外側のパイプスペースにある水道の元栓を閉めて、蛇口の水栓を緩めることができれば、古くなっているゴムパッキンを替えるだけでたいていの水漏れは止まる。ゴムパッキンは、ホームセンターなどで数百円で売られている。

その他、サッシの窓の水漏れや雨樋《あまどい》の水漏れなどは、やはり、ホームセンターにある「コーキング剤」などで簡単に直せる。チューブに入った「パテ」のようなもので、水漏れの原因となっているすき間をふさげばそれでOK。雨樋は、もし交換が必要になっても、1メートルあたり数百円で買うことができる。

つまり、水回りの修理は、実は、シンプルなものが多く、自分で材料を買ってきて直せば、数百円ですむほどのものが多いのだ。それでも、困っているお客さんにとっては「救世主」なので、水回り修理の料金設定が成立しているのだろう。

ダイヤモンド

「カラット」だけでは決まらない相場の秘密

世界中のダイヤモンドの市場は一つの会社によってコントロールされている。南アフリカに本社があるデ・ビアス社だ。「ダイヤモンドの婚約リングは、給料の3カ月分が目安です」という刺激的なCMを流していた会社だ。

そんなわけで、ダイヤモンドの本当の原価を知ることは困難だが、相場の決め方はわかる。ダイヤの値段は「カラット」で決まると思っている方が結構いるが、「カラット」は重さの単位でしかない。「1カラット＝0・2グラム」で、価格を決める要素は他に、「カラー＝色合い」、「クラリティ＝透明度」、「カット＝プロポーション」と研磨」という3つがあり、「カラット」と合わせて「4つのC」で決まる。

1カラットから1・5カラットくらいのダイヤで100万円ほどで、婚約指輪などに使われるが、この品質にもピンからキリまである。ダイヤの原石にも品質の評価が低いものがあり、そういう石は当然価値が下がる。安いからと飛びつくと危険だ。

ダイヤモンドの価値はどうやって決まるか？

ダイヤの価値は「4つのC」で決まる

COLOR（カラー）
→「色合い」

CARAT（カラット）
→「重さ」の単位
（1カラット＝0.2グラム）

CLARITY（クラリティ）
→「透明度」

CUT（カット）
→「プロポーションと研磨」

100万円のダイヤモンドの原価は？

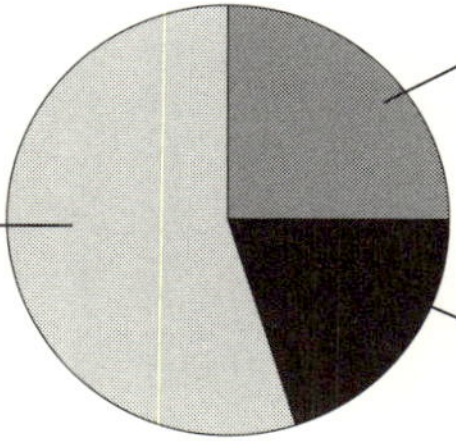

仕入れ価格
25%

販売店の利益
55%

外注費 20%
＝わき石代、地金代、
デザイン代、加工代

指輪の価値には、ダイヤモンド自体だけでなく「地金」の金やプラチナの価値も大きく影響する

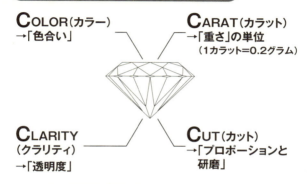

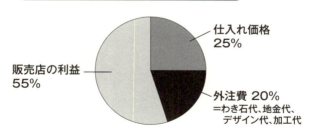

マンガ喫茶

読み放題、飲み放題。では、どこで儲ける？

マンガ喫茶は、今では「マンガを読む場所」という範囲を超えて、さまざまな用途で使われている。多くの場合、インターネットは使い放題、ファックス機やコピー機なども用意されているので、一種のオフィスとしても十分に機能する。

基本料金は、1時間400円〜600円程度の設定だが、30分200円ほどの延長料金がマンガ喫茶としては利益確保のポイントだ。24時間営業のため、人件費も光熱費もそれだけ多くかかるが、これは、逆にいうと12時間しか営業していない店の2倍の売り上げが可能になるということ。飲んでいて終電に乗り損ねたサラリーマンや、残業で帰れなかった人たちが、カプセルホテルの代わりに使っている。朝まで8時間パックで1500円〜2000円程度といった料金だ。

店内では、フリードリンク、無料ポップコーンなどが用意されていることが多いが、この稼働率によって利益も変化する。フリードリンクは、すべてがセルフサービスなので手間はかからず、飲み物の原価は1杯5円〜10円に抑えられている。無料ポップコーンの原価は、業務用の低価格のものを仕入れるので、平均すれば1人当たりのコストはドリンクと合わせても100円〜150円程度に抑えられている。

マンガ喫茶と銘打っているからには、一番の目玉商品はマンガだ。マンガの品ぞろえが徹底していなければ、お客さんはリピートしてくれない。マンガ喫茶側としては、人気の長編マンガを多数在庫して、リピーターを生み出したい。少なくとも、1万5000冊から2万冊程度はそろえなければならない。

週刊、隔週刊のマンガ雑誌に関しても、発売日にすべてのマンガ雑誌が十分に用意されていないとお客さんはすぐに離れてしまう。反対に、それらがすべてそろっていれば、確実にリピーターが得られる。

かつて人気を誇ったような、半ば古典的な長編マンガのコミックスをそろえることは当然だが、お客さんの中には1冊くらい、出来心で持って帰ってしまう人もいる。それを補充するために、古書店で「全巻」買わねばならないこともある。古い作品は、古書店でも入手できない場合もあるが、ネットオークションで探すなど、全巻1冊も欠けないようにそろえるのがマンガ喫茶の使命だ。

家電量販店

激安価格を生み出しているさまざまな仕掛け

家電＝家庭電気製品は、量販店やディスカウント店で購入するというのは常識。さもなければネットショップという選択肢もあるが、少なくとも町の電器屋さんで定価で購入しようという人はまずいない。家電の専門店街、東京なら秋葉原、大阪なら日本橋《にっぽんばし》まで足を運べばビックリするほど激安の商品を見つけることができるが、近所に住んでいるのでなければ往復に時間もかかるし、そうそう行けるものではない。その点、家電量販店なら、駅前店、郊外店と随所に展開しているので、時間ができたときに気軽に立ち寄れて便利だ。

量販店、ディスカウント店は、大量に仕入れることで仕入れ値を安くして、激安価格で売るのが基本だ。販売価格には、「メーカー希望小売価格」から「オープン価格」までいろいろだが、一般に卸値は標準的な小売価格の50％くらい。量販店は、実際に販売する予定の数量以上の商品を一度に仕入れることで、卸価格より5％〜

10%安く仕入れる。ここに10%の利益を乗せて小売りする。余分に仕入れた商品は、他の業者に売却する。この時点で町の電器店より10%安値で販売できる。

量販店の販売戦略で、大きな役割を果たしているのが「ポイントカード」だ。8%～12%のポイントをつけることで、お客さんは、さらに「お得感」を持つ。ところが、このポイントカードは、店側にとってもいろいろとメリットがある。まず、お客さんをリピーターにすることができること。顧客は、ポイントが多く貯まっている量販店に通うことになる。さらにポイントは、あくまで現金による値引きではなく、「将来の買い物」の値引きとなることだ。量販店は、できるだけ「サービスを先送り」したほうが利益が上がる。

もう一つは、ポイントに期限が設定されていることが多く、せっかく貯めたポイントが期限切れで失効する場合があること。この「失効する率」は10%くらいあるという。この分は店の利益となるのだ。お客さんは、ポイントをできるだけ貯めて、高額商品を買うときに使おうと考えることが多いが、これが大きな落とし穴。いつの間にかポイントの期限を忘れて失効させてしまう。貯まったポイントは、もっと貯めようと考えずにすぐに次の買い物で使うというのが賢いやり方なのだ。

1000円理髪店

「トイレの近く」に出店すると儲かる理由

駅前や駅ナカにあって、10分くらいで散髪ができる「1000円理髪店」。散髪が定期的に必要な人にとって、これほど便利なものはない。はっきりいって、既存の理髪店にとって、これほどの脅威はない。

1000円理髪店は、徹底的にコストカットをしてこの価格を実現している。基本的にシャンプーはせず、顔剃りもしない。要するに、都会の忙しいお客さんが、理髪店になにを求めているか、ということを調べて、「スピードアップ」、「省力化」、「合理化」、「コストカット」を追求した結果が、1000円理髪店となって結実したともいえる。

シャンプーをしないで、切った髪はどう処理するのかというと、掃除機のような吸引器で切った髪の毛を吸い取る。忙しい人にとっては、このほうがありがたい。

店としては、シャンプーのための洗面台などの設備がカットできて、かなり設備投資が節約できるのだ。

一時、シャンプーをしないのは公衆衛生からいって不潔だから、1000円理髪店は規制するべきだ、という不穏な動きが国会議員の間にあったが、まるで的外れだろう。なにしろ、今時の日本に、自宅に風呂がない会社員はまずいないので、髪を切った日に自宅で髪を洗えばすむ話だ。

1000円理髪店が、看板にしているのは、「10分間で髪が切れます」という謳い文句だ。これは、極めて微妙なセールストークで、駅で列車の発車時間や、人との約束時間までの間など、思いがけず時間が空いたときに、それなら、と入ることができる繊細な時間ではないだろうか。

1000円理髪店で面白い話がある。駅前にしても駅ナカにしても、「トイレの近く」に出店すると流行る、というデータがあるということだ。どうやら、女性といっしょにきた男性が、女性が長めのトイレに入っている間に、自分は髪を切ってしまおうということらしい。

これまではトイレ周辺には、テナントが入りにくかったのだが、この現象で1000円理髪店が出店するケースがあるという。

動物病院

統一されていない治療費。安くて良い病院を見つけるには?

日本は空前のペットブームだ。なにしろ15歳未満の子どもの数(約1600万人)よりペットのイヌ、ネコの数が約2000万匹と上回っている。ペットの総数の増加とともに、動物病院のニーズも増え、数も増加している。ただ、動物病院を利用する時の一番の問題は、治療費が統一されていないということ。これは、独占禁止法で「統一してはならない」ことになっているためだ。

初めて行く動物病院には、電話で「いくらくらいですか」と問い合わせたいところだが、そうもいかない。ネットで参考料金を公開している病院に行くほかないだろう。一例を挙げれば、「初診料1500円」、「ネコの去勢手術1万8000円」、「ネコの避妊2万3000円」といった具合だ。

手術には入院が必要になるので、単価だけではわかりにくい。日本獣医師会の調査では、めすイヌの不妊手術の場合、平均で、「手術料2万4000円」、「麻酔料

9300円」、「入院料（大型・中型犬、3日間）9500円」で、ここに薬剤料が加わって、合計4万5000円程度となっている。

同調査では、「手術料」が最低で5000円程度から、最高で5万円までである。「初診料（診察料）」が無料の病院がある一方で、4500円程度のところもあるのだ。

動物病院の医師は獣医師だが、その技術もピンからキリまで。年輩の医師は、牛や馬などについての勉強はしたが、イヌ、ネコについてはあまり専門ではない、という方もいる。医院の検査器具や施設もさまざま。設備投資を行った病院は、それなりにコストが料金に反映されるということになる。

動物病院によっては、ペットを診察した後、医師が、「体質改善のためには、このフードを食べさせなさい」と強く「高額のペットフード」を勧めることもある。そのペットフード会社とタイアップしているのではないかと思われる例もある。

そこで、ペットの飼い主は、「もっと安くて良心的で、腕のいいペットのお医者さんはいないか」と新たな病院を開拓しようとする。実際、怪我をしたペットの手術をして20万円請求されたという話もあるくらいだ。費用が心配な飼い主さんは、「ペット保険」に加入して、保険がきく病院を探すほうが賢明だ。

アマチュアバンド。売り捌くチケットのノルマはこう決まる

オヤジバンド、ギャルバンドなどなどバンドを組むことがブームとなって久しい。バンドを組んで、練習を重ね、だんだんレパートリーも増えてくると、やりたくなるのが「ライブ」だ。いきなりホールではできないが、小さなライブハウスなら素人でも借りるなどしてライブが実現する。

ライブハウスには、メジャーデビューしているプロのミュージシャンしか出演しないところと、アマチュアバンドのところとがある。アマ歓迎のライブハウスには初心者向けの「ライブ料金パック」も用意されている。アマバンドが1バンドでお客さんを40人、50人と呼ぶことはむずかしいので、3～5バンドくらいのジャンルが近いバンドをマッチングしてライブを行う。軽いロック系、ハードなロック系、Jポップス、ジャズなどの傾向で分けて組み合わせるのだ。

パック料金のタイプとしては、一番多いタイプが、1バンド3万円～4万円の「ノ

ルマ」で出演するタイプ。ノルマは、例えばチケット2000円（1ドリンク500円付き）を15枚から20枚買い取って、すべて売れればプラスマイナス・ゼロ。それ以上のチケットが売れれば、何割かがバンドに還元される。

もう一つが、「パーティー貸し切り」のタイプ。平日15万円、土日祝日18万円くらいで、主催バンドが会場を借りて、会場のアンプ、ドラムなどは自由に使えるというものだ。この場合、主催バンドが共演できる知り合いのバンドを探してきて、コストをなんとか分散する。

例えば、日曜日に3バンドで18万円の会場を借り、1バンドにつき2000円（ドリンクなし）のチケットを30枚ノルマとする。チケットがすべて売れれば、3バンドともプラスマイナス・ゼロとなるのだ。

もちろん、バンドがライブを実現するまでには、練習スタジオで何度もリハーサルを重ねている。練習スタジオは、1時間2000円〜3000円くらいなので、2時間×10回もスタジオに入れば、4〜6万円はかかる計算だ。こうしたコストはすべて持ち出しとなる。それでも、バンドはそこそこ運動にもなるし、健康かつ文化的で、安上がりなストレス解消法といえるだろう。

自主制作CD

「プレス」か「コピー」か。目に見えないコストの中身

アマバンドでも、カラオケ好きな方でも、その努力・研鑽《けんさん》の成果を「CD」として制作し、形にするという方法がある。自主制作CDということだ。自主制作CDは、「プレス」するのか「コピー」で済ませるかによってかかるコストが変わる。

プレスは、CDに物理的に金型（スタンパー）でプレスを施すため、化学変化や劣化が起こりにくい。CDの「銀色」の面を見るとわかるが、プレスされた部分には色の変化はなく、境目もない。

一方、コピーは、CD－Rにデータを焼くように、レーザー光で表面に音のデータを焼き付けるため、書き込まれた部分の色が変わる。コストは安めだが、デメリットとしては、その面に日光が当たったりするとノイズが出たり、プレーヤーで再生できなくなったりする。経年変化も起こりやすいという。プレスのほうが、圧倒的に品質がいいということだ。

価格は、海外でコピーするメーカーに発注した場合、100枚で1枚あたり100円程度。500枚で1枚あたり70円程度。国内だとそれぞれ1割くらい高くなる。この価格は、CD本体のみで、ジャケットその他の値段は含まれていない。

プレスによる本格的なCDを制作する場合には、アマチュア向けのパックがいろいろとある。海外でプレスするメーカーの例では、ジャケットのオフセット印刷、プラケース、「キャラメル包装」という市販のCDと同じ包装までのパックで、300枚で1枚あたり約400円、500枚で同じく約260円という価格だ。

当然ながら、この段階の前にCDに入れる「音源」は、録音スタジオなどでレコーディングされた「完成品」の音源が必要だし、ジャケットに印刷する「写真」や「デザイン」などもデジタルデータで用意しなければならない。

こうして完成した自主制作CDをいくらで販売するかが問題だ。CD制作の原価はプレス500枚で260円だが、そこに、それまでの練習経費や録音経費、ジャケットデザイン費、そして、作詞・作曲・演奏の対価が含まれなければならない。一般に市販のCDは10曲入り2000円が相場だ。この価格にするとしたら、1枚の利益1740円が自分の努力とコストに対する見返りということになる。

ブランドキーホルダー

ブランドへの憧れが生んだ「ドル箱」の原価

高級バッグなどのブランドメーカーは、キーホルダーなど小物グッズをショップで結構なお値段で販売している。小物というわりには1万円、2万円という価格で、しかもそれが、れっきとした人気商品なのだ。

小物には、そのブランドのバッグの生地や、ロゴマークがあしらわれているが、この小物の原価率は見たところかなり低そうだ。バッグの生地は、当然のことながらバッグ製造で残った端切れの部分だからだ。

ブランドのバッグそのものの原価率は20％前後。この20％という数字は、ネットショップで50％引きの価格で売られることから導き出される。例えば、30万円のバッグであれば、ネットでは15万円程度で入手できる。ネット販売の粗利が50％とすると、本体のバッグの原価は25％。そこから、宣伝・販売経費を差し引くと20％程度になるという計算だ。

そのバッグの端切れを利用したキーホルダーの原価は、実質的に金属部品代と加工賃のみになる。フランスの有名バッグメーカーのキーホルダーは、単なる「ブランドロゴ入りの南京錠」だったりする。これに約1万円という値段がついている。

ミニチュアの「ヌメ革バッグ」のマスコットが付いているもので、5万円以上というものもある。中古なら、本物のブランドバッグが買える値段のマスコットつきキーホルダーだ。

こうした小物は、20万円、30万円という価格のブランドバッグに手が届かない高校生などの若年層をターゲットにしたもののようだ。東京・銀座や青山、表参道あたりのブランドショップにやってきた若者たちが、「なにか買って帰りたい！」という衝動に突き動かされる心理はわからないでもない。

そこで、なんとか購入できる価格の1万円～2万円という設定のキーホルダーが選ばれる。地価がべらぼうに高い一等地に出店したブランドショップとしては、来店したお客さんには、とにかくなにか買って帰ってもらいたい。そんなショップ側の意図と、若年層のブランドへの強烈な憧れが生み出したのが、原価率が極限まで抑えられたブランドキーホルダーなどの小物だったというわけだ。

競走馬

必ずしも1着にならなくても競走馬は元が取れる?

サラブレッドが疾駆する姿は美しい。競馬にはそんな華やかなイメージもあって、競走馬を保有するというと一般の人には「別世界の話」という感覚だ。しかし、競走馬を保有して利益を上げることは、そんなに遠い世界の話ではないようだ。

競馬は、人気馬でも1着にならないと話題として取り上げられないため、勝利しなければ利益が出ないと思われがちだが、デビューして4歳馬になるまでに、2着、3着が2、3回あれば、購入価格がさほど高くない馬なら元が取れる。

中央競馬では、1着でなくても5着まで賞金が出る。一番下のクラスの2歳、3歳未勝利戦の5着でも50万円の賞金が用意されている。

ダービーのような重賞レースでは、1着には4000万円から3億円、2着に2000万円から1億2000万円という高額賞金が出るが、そんなレースはほとんどの競走馬にとっては縁のない話だ。

そんな「雲の上」のレースとは対極にあるといってもいい、2歳新馬レースでも2着280万円、3着180万円、4着110万円という賞金が出る。つまり、華々しく1着にならなくても、地道に賞金を獲得する道があるわけだ。

3着、4着という成績でも、怪我をすることなく20レースくらい走り続ければ、初期投資が数百万円であれば回収できることになる。競走馬は、血統によっては500万円くらいから買うことができるので、500万円で入手した馬が3着以上の成績を3、4回獲得すれば、元はすぐに取れる。

もちろん、これは初期投資が回収できるかどうかという計算で、なにしろ生き物だから、厩舎に預けて大切に飼育するコストも別途かかる。ただ、「夢」を買うという発想としては、競走馬で黒字になるという話は夢がふくらむのではないだろうか。

競走馬には、この他にもいろいろと「手当」が支給される。5着までの馬に交付される賞金を「本賞金」と呼ぶが、それ以外に「奨励金」などがあるのだ。例えば、3歳馬で1800メートル以上のレースに出て8着以内になると、7万円～の奨励金が出る。他に、出走手当制度によって、着順にかかわらず、40万円前後の手当がすべての馬に対して交付される。馬主にとって、かなり手厚い制度があるのだ。

ホテル料金

シティホテル、実は3割引でも十分に儲かる仕組み

テレビの人気ドラマの舞台にもなって、華やかなイメージの都会のシティホテル。ところが、その料金設定ほど不思議なものはない。ホテルのホームページで表示されている宿泊料が、プランにもよるがシングル2万円以上となっていても、実際には半額程度で利用している宿泊客がかなりいるのだ。

企業が「法人契約」などをしていれば、ホテル宿泊料金は30％くらいのディスカウントは当たり前だし、旅行代理店が押さえているツアー客用の部屋も、30％割引は当然だ。それを定価で宿泊するお客さんは、逆にいうと30％の損をしていることになる。ただし、東京都内のシティホテルに泊まるお客さんの多くがビジネスでの出張客だ。そのため、宿泊費は会社が負担するので、多少のコスト高は気にしないのかもしれない。

中には都内に住んでいるのに、都内のシティホテルを泊まり歩くという人もいる。

ホテルでは、基本的にお客様が女性であれば「女王様」のように扱われることから、それによる自己満足を得たいというお客さんだ。そういう人は、日常的には、会社でストレスの多い事務仕事をしていて、たまったうっぷんを、月に一度、シティホテルで晴らそうというのだ。

こういった人たちも、シティホテルにとっては、毎月の収益につながるので無視できない大切なお客さんだ。

シティホテル側としては、高い料金が「高級感」を生み出すための一つの宣伝ツールではあるが、高い価格の部屋がいつも「ガラガラ」では意味がない。そこで、ネット予約ディスカウントとか、「当日割引」などをすることになる。

一例では、表向きには2万5０００円のシングルルームを、実際には1万3０００円程度で提供することがある。場合によっては、1万円くらいまでディスカウントされる。

ちなみに、ここまでの価格は旅行代理店などが間に入らない場合の価格だ。代理店が入ると、10％前後の手数料がかかるので、ホテルにとってはさらに利益率が下がることになる。

貸衣装&写真

お得に利用するなら、この時期に頼もう

貸衣装を借りて写真撮影をするイベントは、一生の間には七五三、成人式、卒業式、結婚式といった機会がある。女性なら成人式や卒業式で晴れ着を着て写真を撮るというのが一つの憧れだろう。ふだん和服を着る機会はそうそうないものだ。

七五三だと7歳の女児の晴れ着姿で着物、帯、ヘアメイク、髪飾り、着付けサービスと写真撮影のセットで、4万円~5万円程度（千歳飴と足袋はプレゼント）。写真撮影後、お宮参りをしてそのまま帰宅し、衣装は翌日返却というパターンがある。

11月の七五三の時期が近づくと、衣装レンタル屋も写真スタジオも混み合ってくるので、写真だけ早めに撮ってしまうという方法がお得だ。この場合、早めの写真撮影は、スタジオで着付けをして撮るだけだからお手軽、かつ、11月の本番の日に、朝早くから大変な思いをしなくてすむ。

10月中に撮れば3万円台、もっと早く7月に撮ると2万円台で撮ることもできる。

これは相当お得。

ウェディングドレスのレンタルや撮影は、結婚式場の料金とパックになっていることが多い。ドレスだけを借りると、靴やベールなどとセットで10万円から30万円台まである。ウェディングドレスは、春と秋に新作が発表される。新しいものはそれなりに高額になる。なぜなら、半年後にまた新作が発表されるので、それまでに元を取らねばならないからだ。

ウェディングドレスをレンタルショップで借りる場合は、できるだけ早く借りるものを決めたほうがいい。春から6月の繁忙期や秋の挙式シーズン、3連休の時に式を予定していたら、4カ月くらい前には押さえておかないと、気に入ったものがなくなってしまう。レンタル屋のドレスは、その多くが単品で同じものがない。それに、一度レンタルされると、その前後の1週間はメンテナンスで貸し出されないのだ。ドレス選びに2カ月以上かかる人も珍しくないが、早い者勝ちだ。

ウェディングドレスにヘアメイクなどがついて、新郎新婦の衣装がセットで平日なら6万円程度から、土日祝日8万円程度の撮影料金。和装だと、「カツラ」のレンタルがプラスされて、7万円～9万円程度になる。

東京ドーム使用料

たったこの値段であなたも夢のプロ野球選手気分

草野球でもソフトボールでも野球の楽しさを経験したことがある人ならだれでも一度は立ってみたいのが、プロ野球のグラウンドだろう。かつて野球少年だった人たちにとっては、とくに「夢の舞台」ともいえる東京ドームのグラウンドの芝を、だれでも実際に踏むことができる。

それもそんなに「夢」のような条件ではない。「東京ドームで草野球」というレンタル料金が設定されているのだ。東京ドームのグラウンドは、平日なら午前7時と午前9時から、また午後0時と午後2時半からのそれぞれ2時間20分は、35万円で借りることができる。土日祝日でも45万円だ。正直いって、安いと感じるのではないだろうか。プロ野球開催日には午後は借りられないが、「夢」は意外にも近いところにある。例えば、草野球2チームがそれぞれ20人ずつ、合計40人でお金を出し合えば、平日なら1人9000円程度でプレーできるのだ。

せっかくだから、スタンドに応援団も呼びたいところだが、スタンド使用料は別料金。ただ、100人まで3万円とさしたる金額ではない。応援団にも1人当たり数百円程度のカンパを頼めばいいだろう。

ぜひやってみたいのが、プロ野球選手と同じように「電光掲示板」に名前を表示させること。これも別料金のオプションとなる。1試合につき14万円。「う〜ん、ちょっと高いな」と感じるかもしれないが、このオプションには「アナウンス」も含まれている。つまり、プロ選手と同じように「4番、ファースト、××」と自分の名前がアナウンスされ、ドーム内に響き渡るのだ。せっかくだからやってみたいという誘惑に駆られる。

ドーム球場のいいところは、「雨天中止」がないことだ。しかも、寒い冬でも大丈夫。せっかくみんな集まったのに中止でがっかり、ということがない。冬はプロ野球はシーズンオフだから、コンサートやイベントの開催日以外、スケジュール的にも空いている。

料金設定には、「オールナイト＝80万円」というのもある。オールナイトで草野球大会を行うことも不可能ではなさそうだ。

格安海外パックツアー

現地の「ホテル代ゼロ」でも利益が上がる仕掛け

旅行会社が主催する格安パックツアーは、国内も海外も、安心して参加できることもあって幅広い層のお客さんから支持されている。旅行会社としては採算が取れているということになるが、あの格安価格のウラにはいろいろと仕掛けがある。

パックツアーが格安になる第一のワケは、免許を持った旅行業者が航空会社やホテル、旅館などから航空券や部屋を一般の「割引料金」よりはるかに低い価格で一定数、確保していることだ。「30％割引」、「半額」は当たり前という割引価格だ。

第二のワケは、旅行業者が販売して売れ残った部分を旅行商品の小売業者にディスカウントで売る。この段階でもさらに格安となる。

第三のワケは、航空便の選択にある。海外旅行のパックツアーの価格は、その70％が航空運賃で、仕入れ原価を抑えるために、比較的「不便な時間帯」の航空便などが使われる。例えば、香港パックツアーでは、出発日の夜に目的地に到着し、帰国日は朝早く出発する便だったりする。これだと、「2泊3日」のツアーでも、実質、現地の観光や買い物がたっぷり楽しめるのは「1日」だけとなる。

現地でのホテル代の価格設定は、ほとんど「ゼロ」に等しい。現地の旅行会社は「タイアップ業者」からのマージンで利益を確保するのだ。香港ツアーの場合、ツアー1日目は、ツアー客全員が「バス観光」に連れて行かれる。そのコースでツアー客は、有名観光地も回るが、途中で「毛皮店」、「宝石加工販売店」、「漢方薬専門店」、「中国茶専門店」、「ヒスイの専門店」、「革ジャン専門店」、「DFS＝免税店」などのいくつものタイアップ店に半強制的に入店させられる。

つまり、現地の旅行会社は、「ホテル代ゼロ」でサービスする代わりに、タイアップ店からのリベートで利益を上げているのだ。

ツアーの参加者は、まったく予定していなかった高価な中国茶や宝石などを買って日本に持って帰ることになる。

もう一つの「半強制的商品」が、「写真入り絵皿」。観光地でツアー客一行の集合写真を撮り、その日、ホテルに戻ると、すでに「絵皿」ができあがっている。ツアー客は、自分の写真がプリントされた絵皿を結構なお値段で買うことになるのだ。

リサイクルショップ

幾らで買い取り、何割の利益を乗せて売っているか

なんでも扱うリサイクルショップは、店をのぞくだけでも面白いもの。液晶テレビなど家電製品からパソコン、ブランドバッグ、音楽CD、古書、ブランドの洋服、ゴルフクラブなどなど、種々雑多なものが並んでいる。

商品の価格設定は、店主がいくらで仕入れているかによる。家電などは、小売価格の5％程度とよくいわれるが、中古だからその状態による。リサイクルショップに自分のものを売る場合、2つの方法がある。店が、商品をその場で買い取る場合と、売る人が店に委託して、売れたときに精算するという2パターンだ。

例えば、新品小売価格で5万円程度の液晶テレビなら、店が買い取る価格は、「新古品」といわれる新品同様の状態で小売価格の20％＝1万円前後、中古でも状態がよければ10％＝5000円くらい。キズやへこみ、汚れがあれば1000円程度になってしまう。

この液晶テレビを、リサイクルショップは、5～6割の利益を乗せて販売する。新古品で2万円前後となる。かつては、もっと利益率が高かったリサイクルショップだが、店の数が増えて競争が激しくなったので、あまり高い価格をつけても売れなくなったという。しかし、一般の小売店の利益率は3～4割くらいなので、リサイクルショップの利益率は低くなったとはいえまだ高いほうだ。

委託の場合は、売る人が店のスペースを借りるということになり、売れた場合には店側が30％～50％を取る。2万円の商品の30％を店側が取れば、売る人が受け取るのは1万4000円となる。

最近は、大手古書店のチェーンが、テレビCMまで流して「買い取ります」と大々的に展開している。ネットで申し込みをして、送料無料の宅配便で本やゲームソフト、DVD、音楽CDなどを送るだけで「高価買い取り」するというシステムだ。

これは、町のリサイクルショップにとっては、かつてない強敵となる。買い取りする会社が増えれば、だんだん売り手市場になるので、「売値」も上がってくる。リサイクルショップは、以前にも増してバラエティー豊かでユニークな品ぞろえを工夫して対抗しているのが現状だ。

新聞勧誘のサービス

なぜ、購読するともらえるものは「洗剤」なのか

かつて、新聞の勧誘員が合成洗剤をたくさん持ち歩いて「取ってください」とよくセールスにきた。新聞販売店が合成洗剤をサービスにつけるのは、1960年代の高度成長期以来の「伝統」のようだ。洗濯洗剤は、1キロの箱入りで400円前後だったが、これを4～5箱、景品としてつけていた。現在、新聞は朝夕刊で1カ月約4000円なので、相当なサービスだ。実は景品にはその金額に上限がある。

日本新聞協会販売委員会と新聞公正取引協議会という組織があり、そのホームページによると、景品は「景品表示法」に基づいて上限が決められている。「契約に際してお渡しする景品は、購読料（最大6カ月）の8％が上限」とのことだ。つまり、約4000円×3カ月＝1万2000円の新聞契約だと、その8％の「960円」が上限となる。それ以上の価格の景品は、実際には規則違反ということだ。それでも販売店は拡販のために、かなり多めの景品をつけているのが実情のようだ。

新聞勧誘サービスの景品

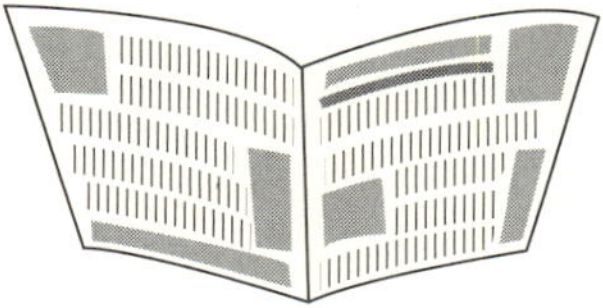

かつて、高度経済成長期に「合成洗剤」を景品にすることが多かった新聞販売店のチェーンが洗剤を大量に仕入れて何箱も景品として付けた

景品の価格の上限は…

景品=購読料の「8%」が上限

↓ なので3カ月契約なら…

1カ月の購読料

約4,000円 × 3カ月=1万2,000円

↓ この8%なので

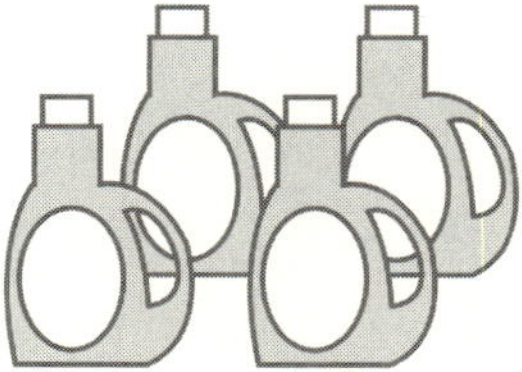

約960円が上限

洗濯用洗剤数個など

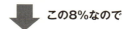

売れない場合のリスクヘッジのカラクリ

コンサートのチケットは決して安くない。その原価がどれくらいなのか気になる。ロックコンサートというと、武道館、東京ドームなどの大きな会場があるが、1500人くらいのキャパシティ（定員）のホールのコンサートは、どれくらいのコストで開催できるだろうか。東京・芝のメルパルクホールの例で試算してみよう。

ホールそのものの料金は、平日約67万円（全日）、土日祝日約78万円。これは、会場とステージだけで、他に付帯設備費がかかる。楽屋が大小合わせて6000円、リハーサル室5000円、ステージでピアノを借りると1万8000円（フルコンサート・タイプ）で、しめて約3万円だ。この他に、正面ロビーの施設や会場の照明、音響で20万円はかかるので、会場費として平日で90万円としよう。

出演するアーティストに支払う出演料は、ピンからキリだが、定員1500人のホールなら海外の中堅クラスのアーティストで100万円～200万円くらい。ここでは150万円としておこう。

ここに、持ち込みのPA（音響）、照明、舞台、楽器レンタルなどの制作費、警備費（会場内外）、楽屋運営費、会場設営のアルバイトなどの経費が加わる。舞台装置にお金をかけない場合で、計150万円くらいだ。

以上のコンサート会場運営に直接かかる経費の他に、新聞・雑誌広告、チラシ・ポスター制作費、アーティストの送り迎え、宿泊などの経費がかかる。会場費から合計して、直接かかる費用は合計450万円～500万円になる。1500人満員のお客さんが6000円平均のチケットを購入したとすると、売り上げは900万円。すべての直接経費を差し引いても、1日で400万円以上の利益という計算だ。ただし、ここには、主催者の会社運営経費、人件費その他は含まれていない。

加えて、コンサートは、いつも売り切れというわけではない。お客さんが半分も入らないコンサートのほうが多いのだ。そういうコンサートは、800人入ったとして売り上げは480万円となるので、会社運営経費などを差し引くと実質「大幅赤字」になる。6000円というチケット代には、「満員にならなかった、別のコンサートでの損失」も算入されている、と考えるべきなのだろう。

落語家

二ツ目と真打だと、出演料にこんなに差がある

落語家は、テレビに出演するような売れっ子ばかりではない。落語家になろう、と一念発起して、師匠の門を叩いた見習いも正式登録前ではあるが、一応は落語家だ。最初は、当然ながら噺《はなし》でお金をもらうことなどできない。師匠の家の掃除などの雑用をしたりという「前座《ぜんざ》見習い」となる。この時点では、寄席《よせ》の楽屋への出入りも禁止だ。師匠の着物の準備、片付けなどがこなせるようになると、師匠が許可して落語家協会に落語家として登録される。ここで、「前座」となる。前座の間は、師匠から月に数万円の給料をもらう。

楽屋の掃除に始まる前座としての仕事をこなして精進すること短くても3、4年。実績が認められると、「二ツ目」に昇進する（東京落語界の場合）。二ツ目は、紋付を着ることができ、寄席で2番目のランクで高座に上がる。師匠の家や楽屋での雑用がなくなり、落語の稽古に専念することができるようになる。人にもよるが二ツ

目で年収240万円前後だ。

二ツ目を短くて7年、長くて10年以上務めて「真打」となる。寄席では、「ワリ」と呼ばれる出演料が支払われる。入場料収入をお客さんの「頭割り」にするということだ。落語家の格によってお客さん一人頭の報酬が異なる。お客さん一人につき5円という格なら、1回の寄席で100人のお客さんが入って500円となる。お客さんの入りが悪ければその分報酬は減る。

この収入だけでは厳しいので、落語家は営業をかけて、町内会などが主催する「落語会」などに出演する。落語会の出演料は、主催者の規模や会場にもよるが、二ツ目＝5万円～、真打＝10万円～という金額だ。この他、結婚式の司会、イベントへの出演などこまめに営業を行う。テレビやラジオに出演していない人でも、年収600万円くらい稼ぐ人もいる。知名度が上がってくると「ホール寄席」という地方の文化会館や市民会館などで行われる落語会に呼ばれるようになる。真打だと、1回50万円という出演料の会もあるという。

テレビにレギュラー出演するトップクラスの落語家になると、落語会の出演料は75万円から100万円、年収で3000万円～5000万円にもなるそうだ。

マジシャン

華々しい舞台のウラでこっそり支払っているアイデア料

日本のマジシャンにもいろいろな芸風の人がいる。寄席での漫談のような「しゃべり」が中心で、マジックは付け足しという人から、大仕掛けなマジックを大きめの会場で披露する人までさまざまだ。

大仕掛けなトリックは、「イリュージョン（幻想）」とも呼ばれるが、こういう派手なマジックの「ネタ」には「権利」がついて回る。とくにアメリカでは、ネバダ州ラスベガスのホテルでのショーのような、大きな舞台で行われる華々しいマジックは、数百万円から1000万円以上のアイデア料を支払わなければ演じることができない。

また、新しいアイデアを開発したマジシャンは、特許のような「独占使用権」を設定して、他の人がマネできないようにする。その独占使用期限が切れると、「ジェネリック医薬品」のように、他の人たちがそのトリックを使い始めるのだ。

マジシャンのトリックには権利料が…

新しいアイデアの場合

新しいアイデアには「独占使用権」が設定されて、
マネすることができない

独占使用期限が切れると…

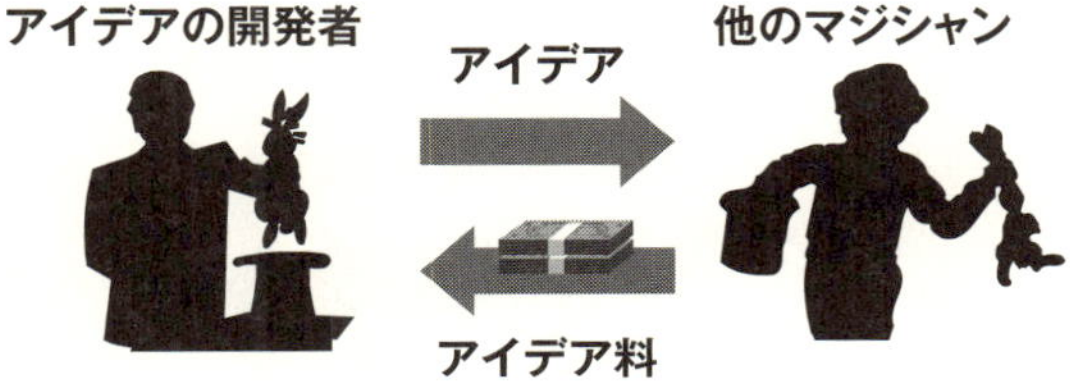

大仕掛けなマジック=「イリュージョン」を演じるには、
数百万円から1000万円以上のアイデア料が必要

探偵

急増する浮気調査、盗聴調査にかかる費用は？

探偵というと、「名探偵コナン」のような「殺人事件」を次々と解決する職業をまず思い浮かべると思う。しかし、現実には、「浮気調査」、「素行調査」のような、地味な調査活動が探偵社の主な仕事だ。

ただ、なにか心配事があっても、探偵に依頼するというと、料金が高そうだと二の足を踏むだろう。一番いいのは、数社の見積もりを取ること。調査は、始めてみないとどれくらい手間がかかるかわからないものだが、おおよその見積もりは出せるはず。逆に、見積もりを出せない業者はうさんくさい。

浮気調査で見ると、料金は「調査時間×調査人数」で決まる。1名が担当して1時間で1万円なら普通で、安いところでは5000円～7000円の見積もりが出てくる。尾行調査をする場合、車を使うか、電車で尾行するか、また、数人がかりになるかによって、実費がかかるが、それも見積もりでわかる。

写真の費用、尾行や張り込みの延長などの料金も、前もって確認しておいて、一定額以上になるようだったら、ひとまず打ち切りとする選択肢もある。

中には、どれだけ調査しても、浮気や不法行為の証拠が手に入らなければ「0円」という探偵社もある。裁判になって「証拠」と認められなければ「0円」というのだ。これはかなり良心的といえるだろう。ただ、調査料金がもし1時間7000円でも、2名が張りついて、21時間かかれば、総額29万4000円となる。着手料金やビデオ機材の料金などが別途かかる場合は、40万円程度になることも珍しくない。

次に増えているのが「盗聴器」の調査だ。最近多いのが、「だれが仕掛けたのかわからない盗聴器」が見つかること。賃貸の家の場合、前の居住者の関係者が仕掛けていったというケースもままある。費用は10坪（33平方メートル）の部屋で4万円から。部屋数が増えれば、1部屋5000円プラス、というのが相場だ。

この業務は、さまざまな盗聴器や盗聴テクニックに対応しなければならないので、かなり専門的な仕事になる。盗聴器には、アナログ式とデジタル式があり、アンテナにもロッドアンテナからSHF帯（〜30GHzまでの電波）など各種ある。これらすべての盗聴テクニックに対応している業者を選ばなければならない。

ペットの葬儀

人間だと120万円が相場。ペットなら?

15歳以下の子どもの人口より、ペットの総数のほうが上回ったことは前述した。最近は、井戸端会議での「うちの子はね……」という会話が、飼いイヌや飼いネコのことを指していたりする。

ペットを飼っていて避けられないのがペットの「死」。ネコはもちろん、イヌも大型犬でさえ屋内で飼うことが普通になっているので、ペットの寿命はかなり伸びているが、イヌなら10年から15年、ネコなら15年から20年くらいで寿命が訪れる。昔は、庭があれば片隅に埋めたものだが、今ではそういうわけにもいかない。自治体の窓口に連絡して引き取ってもらうこともできるが、それもかわいそうという飼い主が多い。

そこで、ペットの葬祭業が注目される。専用の火葬場できちんと火葬にして、遺骨は飼い主の希望に沿って骨壺に入れてくれたりする。骨壺は、身近に置きたくないという場合は、ペットの供養塔に埋葬したりということが選択できる。

ロッカー式の墓所や墓石も選択できる。東京・三鷹市の深大寺には動物霊園があり、火葬からさまざまな供養までの選択肢がそろっている。ネコやウサギは2万2000円から、小型犬は2万4000円からとなる。

ここには、「霊座」と名付けられた骨壺を収めるロッカー形式の墓所があり、年間2万2000円から12万5000円までの等級がある。骨壺の他、写真や小さな造花などを飾ることができるスペースだ。

大型犬になると、大きめのロッカーが必要になるので、年間30万円から46万円のスペースが用意される。いずれも2年契約で、3年目も継続使用するときには1万2000円の継続使用料が必要になる。

一般に、ペットの火葬には、ネコや小型犬であれば1万円から2万円弱程度のコースがある。合同火葬の場合は、遺骨は自分の手元には戻ってこず、個別火葬であれば遺骨が返ってくる。

自治体に依頼した場合は、例えば、東京・新宿区は清掃センターが1頭2600円で引き取り、処理、埋葬をしてくれる。25キロ以上の遺骸は引き取られない。

値上げのテクニック

いったんお得感を与え、いつの間にか……がコツ

お客さんにとって割安感がある価格でなければ、生き残ることはむずかしい飲食店の業界だが、食材が高騰するなどで、どうしても値上げが必要な場面も出てくる。しかし、「本日より、本品は100円値上げしました」と貼り紙でも出したら、お客さんは引き潮のように音を立てて引いていくことは間違いない。政府や日銀は、インフレ率アップを目指すといっているようだが、日々の生活費が値上がりすることを喜ぶ人などいない。食費はできるだけ安くあげるというのが、バブル崩壊以降、長期デフレを経験してきた日本人のマインドというものだ。

そこで、どうしても値上げが必要な場合には、こんなやり方がある。飲食店の場合、常連客にも気づかれないように、いつの間にか値上げをしていました、という雰囲気を作る方法があるのだ。

例えば、中華料理の店で、チャーハンを値上げしたい場合、まず、新しい商品と

して「カニチャーハン」を普通のチャーハンより50円高い価格でメニューに加える。いかにも豪華そうなメニューなので、違和感を覚えるお客さんはいない。それより、新しいメニューに興味を示して注文する人もいるだろう。

ここにはウラがある。新メニューのカニチャーハンを、ご飯の量を減らして野菜を増やすなどして、従来のチャーハンと同じコストで作るのだ。そして、この新しいメニューが定着したと判断したら、従来のチャーハンをメニューからはずす。

こうすると、チャーハンを食べたいお客さんは、カニチャーハンを注文するようになる。これは、実質、「チャーハンの50円の値上げ」となるが、「カニ」が入っているのだからやむを得ない、というムードができあがる。

従来のメニューに、小さなサラダボウルに入れた生野菜を加えて、ランチタイムサービスで100円プラス、といった手もある。お客さんには、「野菜をできるだけ食べたほうがいい」という健康志向があるので、「サービスで野菜がつくならお得だろう」と選択しがち。よく考えると、小さなサラダボウルの野菜は、原価は20円もかかっていないので、実質70円～80円の値上げに等しい。それでも、健康志向のお客さんに、「野菜サラダがついていて得した」感を与えることができるわけだ。

コラム

抽選器　お客さんを引き寄せる音響の仕掛けとそのお値段

商店街やショッピングセンターなどの歳末大売り出しには欠かせないのが「抽選器」。あの「ジャラジャラ！」という音が響いてくると、「今年も終わりに近いな」と実感される、一種の風物詩だ。

抽選器は多くの場合、レンタル品が利用されている。必要なものがワンセットになって「標準サイズ」で6000円前後からある。セット内容は、本体に抽選玉＝白、緑、金、銀などと「当たり鐘」、玉を受ける「受け皿」他。大きめの抽選器セットは8000円前後となる。他に、コンピューターゲーム式の抽選器などもあるが、やはり、あの「ジャラジャラ！」「カランカラン！」という音が欲しいところ。

一番の問題は、抽選器を商店組合などが借りたいと考える時期が、他の商店街と重なることだ。予約が多くて借りられなくなる恐れもある。5～6万円程度で購入できるので、商店会で1台購入するのがベストかもしれない。

◆参考資料・文献

『お客に言えないまさかのウラ事情』㊙情報取材班（青春出版社）／『世の中の「裏」を知りつくす話のネタ㊙ノート』㊙情報取材班（青春出版社）／『どっちが得かすっきりわかる！　節約ワザの新常識』知的生活追跡班（青春出版社）／『お客に言えない食べ物のカラクリ』㊙情報取材班（青春出版社）／『「心理戦」で絶対に負けない本』伊藤明＋内藤誼人（アスペクト）／『こんなに役に立つ　プロの常識』チーム世間通（大和書房）／『お小遣いを稼ぐ88の方法』金原巴緋郎（竹書房）／『儲けのカラクリがズバリ！わかる本』素朴な疑問探究会（河出書房新社）／『やっぱり裏があったのか』『そこにはなにか裏がある』以上、(珍)雑学博士協会編（青春出版社）／『ヤバい経済学』スティーヴン・D・レヴィット　スティーヴン・J・ダブナー著　望月衛訳（東洋経済新報社）／『お客に言えない人気商品のウラ事情』知的生活追跡班（青春出版社）／朝日新聞／読売新聞／毎日新聞ほか

編集協力／アトミックフリー
駿企画
本文ＤＴＰ／エヌケイクルー

※本書に出てくる価格、数値などは、とくにことわりのない限り、２０１６年5月時点での調査データによるものです。金額等はあくまでも目安となるもので、変動することがあります。